前言

PREFACE

人类的历史就是一部连绵的战争史。有关战争的文章和书籍，相信大家一定读过不少。这些书读多了，笔者有时甚至会产生一种错觉：指挥战争也没那么高深吧。您看，只要准备好武器粮草，准时到达战略要地，士兵们按照计划前进后退，保准将敌人全数歼灭。如果真的能够“穿越”，化身东乡平八郎、拿破仑、纳尔逊、老毛奇、朱可夫……笔者没准会比他们做得更好。一边读着这些书，一边自我感觉良好，仿佛自己就是不世出的军事奇才。

但如果笔者真有这样的天赋，现在恐怕早就坐在联合作战司令部了，而不会还在“啪嗒啪嗒”地敲键盘。问题出在哪里？因为我们总是以旁观者的视角，以上帝的高度来回看历史。当年的战场亲历者不可能掌握笔者所知道的全面情报，也不可能剥丝抽茧厘清所有关键信息。所谓正确与错误、聪明与愚蠢、勇敢与冒进、谨慎与怯懦，都是在知晓既成事实的情况下定义的。在那历史关头，在那决定历史的瞬间，能够做出恰当的决策，能够克服自身的恐惧和迷茫，能够举重若轻——这样的心理素质和思维能力，笔者可没有。正在看书的您——估计也没有。

想通这一层后，历史爱好者也许就会主动从“上帝视角”降格到“第一人称”来重新推演这些波澜壮阔的战争。假设读者是统帅，是政治家，是中层指战员，或者基层小卒，您会怎样思考，怎样行动？在战争迷雾和重重困境下，您所扮演的历史人物将如何绝地反击，在历史舞台上展现自己的风采呢？

在这系列《战场决胜者：史上最不可思议的战役复盘》中，我们将化身为历史人物，来亲历一系列史上重要战争的全局。以他们的经历来经历战争，以他们的感受来感受战争，以他们的思索来思索战争。笔者相信，历史的迷人之处在于“故事”，而非“过程”；在于“人性”，而非“数据”。“过程”是枯燥的流水记录，“故事”是有血有肉的跌宕起伏；“数据”是冷冰冰的纯粹理性，“人性”是患得患失，纠结无奈和放手一搏。希望这系列作品能重现一个个基于史实的鲜活故事，还原一个个有真性情的大凡之人。

◎关于《攻克柏林》

“伟大”是一个沉重又庄严的词。历史上冠之以这个词的人或事物也很多，但真正实至名归的却屈指可数，而“苏德战争”完全担当得起“伟大”的头衔。无论是战争规模还是惨烈程度，无论是战略战术的先进性、创新性还是双方意志精神的对抗，无论是战争对历史进程的意义还是战后对世界格局的影响，苏德战争无疑是人类战争史上最波澜壮阔的一幕。苏联以死亡 2600 万人为代价，才摆脱了法西斯的威胁，奠定了苏联超级大国的地位。一个国家，一个民族，一支军队之所以伟大，就是在惨痛的失败和无畏的牺牲中，能够扭转乾坤，抵御住邪恶势力。“伟大”不仅仅反映了苏联人民的自豪，更体现了他们对赢得这场战争所付出代价的悲怆和沉痛。

自从成为民族国家以来，俄罗斯面临过两次亡国的危险。

第一次是在 19 世纪初，拿破仑指挥他那支举世无敌的法国陆军部队攻下了莫斯科，差一点就站稳了脚跟，可惜最后不得不屈服于俄罗斯可怕的寒冬、巨大的国土面积和难以为继的后勤。这一次反法战争被俄国人骄傲地称为“卫国战争”。

第二次是纳粹德国的军队从北中南三路向红色苏联进犯。这支军队比当年拿破仑的军队更为凶恶，战斗力更为顽强，意志更为坚定。但是第三帝国的力量最终还是在列宁格勒、莫斯科和斯大林格勒被粉碎。红军在抵抗住初期的惨重失败后，愈战愈强，一路从莫斯科反攻至德国的心脏——柏林，取得了苏德战争的全面胜利。这一次战争被俄国人以更大的骄傲称为“伟大的卫国战争”。

二战结束后，昔日的东西方盟友立即依据意识形态站队，分裂成两个军事集团，双方大搞军备竞赛，口诛笔伐。1991 年，冷战以西方胜利告终。苏联红军的丰功伟绩被低估、被掩盖，甚至被曲解。人们开始大肆宣扬苏联红军对德国的过度报复和对平民犯下的罪行。

当然，笔者无意为那些非人道行为辩解，但是相信，世界上没有无缘无故的爱和恨。斯大林格勒战役胜利后，一名红军军官指着城市废墟对一群德国俘虏说:“很快，这就是你们德国的下场，柏林也将如此。”复仇，更为猛烈的复仇！这就是俄罗斯民族的性格，一个强悍民族的誓言。

在本文中，笔者只想单纯地从军事角度来评价，苏联红军理应值得后人研究、尊敬乃至崇拜。

战场决胜者

史上最不可思议的战役复盘

2 特辑

张炜晨◉著

台海出版社

图书在版编目（CIP）数据

战场决胜者. 史上最不可思议的战役复盘. 002 / 张炜晨著. -- 北京：台海出版社，2016.5
ISBN 978-7-5168-1052-1

Ⅰ. ①战… Ⅱ. ①张… Ⅲ. ①战争史－世界－通俗读物 Ⅳ. ①E19-49

中国版本图书馆CIP数据核字(2016)第121272号

战场决胜者. 史上最不可思议的战役复盘. 002

著　　者：张炜晨

责任编辑：刘　峰　　策划制作：指文文化
装帧设计：郭　娜　　责任印制：蔡　旭

出版发行：台海出版社
地　　址：北京市朝阳区劲松南路1号　　邮政编码：100021
电　　话：010－64041652（发行，邮购）
传　　真：010－84045799（总编室）
网　　址：www.taimeng.org.cn/thcbs/default.htm
E－mail：thcbs@126.com

经　　销：全国各地新华书店
印　　刷：重庆共创印务有限公司
本书如有破损、缺页、装订错误，请与本社联系调换

开　　本：889mm×1194mm　　1/32
字　　数：200千字　　印　　张：8
版　　次：2016年10月第1版　　印　　次：2016年10月第1次印刷
书　　号：ISBN 978-7-5168-1052-1

定　　价：39.80元

◎关于《不列颠战役》

人类战争的第一次维度提升是借助飞机实现的——一举将二维平面战争变成了三维立体打击。当然，严格地说，气球和飞艇也曾做过武器，不过在飞机出现后就立即被淘汰了。潜艇也有此功能，此处暂不讨论。

空军有多厉害，只要看看两次海湾战争和科索沃战争就可窥豹一斑。在完全掌握制空权的情况下，进攻方可在敌境旁若无人，精确制导炸弹指哪打哪，严重挫伤敌方锐气。利用这种极端不对称打击对付传统国家（恐怖组织除外），最后可能发展到“不战而屈人之兵”的境界。不过这种拼科技的新式战争缺少经典战争模式的跌宕和不可预知性，其“观赏性”也大打了折扣。

在大洋上，航空兵的出现则彻底将依托大炮巨舰的海权理论扫进了历史角落。第二次世界大战中的太平洋战场上，早已有大量实战证明：没有制空权，企图掌握制海权无异于痴人说梦。

有趣的是，历史上完全由两支旗鼓相当的空军主导的战役却十分罕见，迄今为止只有一场，那就是“不列颠战役”。在苏德战场、北非战场，各方都有大量飞机参与空战，有时规模甚至不亚于不列颠战役，但其作用只不过是对陆战不可或缺的支援罢了。只有在不列颠上空，空军的作用直接决定了英国的存亡和第二次世界大战的进程。

正如一个陆权大国很难将战略思维转变为“海权”一样，全世界所有国家对“制空权”的认识也是逐渐加强的，往往还落后于该国航空技术的发展。在第一次海湾战争之前，虽然人们认为空军很重要，但“大陆军主义”依旧盛行，空军只是陆军的强有力补充而已。即便美国在越南战争期间就已经将陆军空中化，但想要赢得战争，还是得靠陆军跳下直升机，发动雷霆一击才行。不列颠战役却告诉我们，战争胜负原来可以在天空中就确定下来。

也许在不久的将来，随着科技进步，军事战略的思考还会离开近地轨道，甚至深入到太空中的拉格朗日点。我们的征途是星辰大海。未雨绸缪，温故知新，这不正是研究历史的功能所在吗？

◎关于《克里米亚战争》

克里米亚半岛——1957 年，赫鲁晓夫以苏联苏维埃最高主席团决议的名义，拱手将其划给了乌克兰；2014 年，普京趁乌克兰内部动荡之时，凭借俄罗斯族在克里米亚的人口优势，以公投的形式又将克里米亚强行收回——除了这些，便几乎算是个上不了国际新闻版面的小地方。但在俄罗斯人看来，克里米亚绝对是他们的核心利益所在。为了这块突入进黑海的半岛，俄罗斯从 17 世纪开始便同奥斯曼土耳其帝国进行了 5 次战争，逐步推进才夺得这块领土。俄土间的系列战争历史绵长，如果算上第一次世界大战，便总共有 11 次之多。

翻看地图就可一目了然，克里米亚可谓确保俄国在黑海利益的陆上大本营。

俄罗斯原本是个内陆国。从彼得大帝时代开始，夺取出海口就是俄罗斯帝国的基本国策。向北征伐瑞典，得到了圣彼得堡以及后来的摩尔曼斯克，得以出入波罗的海；向东欺凌满清，得到了海参崴，进入了太平洋；向南击败土耳其，占领克里米亚，拥有了塞瓦斯托波尔这样的良港作为舰队基地。而控制黑海，不仅能保护俄罗斯的腹地，还能前进以攫取小亚细亚和巴尔干的利益，或者伺机进入地中海。

为了这块宝地，近现代以来俄罗斯在这里打了两场大仗，第一次便是克里米亚战争；第二次是同纳粹德国血战。两次战争就战役局部来看，俄黑海舰队均遭受重创或毁灭，塞瓦斯托波尔也被敌军占领。但从每次战争的结果来看，俄罗斯还是勉勉强强保住了半岛统治权，也算对彼得大帝和叶卡捷琳娜女王的在天之灵有个交代。

克里米亚战争是自 1815 年拿破仑战争后，欧洲发生的最大规模战争。欧洲五大国，除了普鲁士和奥地利保持中立，英、法、俄均赤膊上阵。作为一道历史“分水岭”，该战役也产生了新的时局。

政治上，维持大陆均衡的“维也纳体系”彻底崩溃，俄罗斯的强盛势头被压制，战后普鲁士积极冒头，欧洲政局风云诡谲，甚至逐渐引发了第一次世界大战。军事上，克里米亚战争虽没有了拿破仑时代全面战争的波澜壮阔，将军们的指挥水准甚至还有所退步，但科学技术的创新给战争带来了新的形式。武器成为战场上最重要的决定性因素，从此战争走入现代化。

张炜晨
2016 年 9 月

目录

CONT ENTS

攻克柏林

@尤里·科诺罗佐夫

时间：1945年4月29日—5月2日

地点：柏林市区

你的名字无人知晓，
你的功勋永垂不朽！
——莫斯科红场无名烈士墓墓志铭

柏林之春

1945年的春天姗姗来迟。

战争开始以来，春天的色彩和味道就从我的感官中消失了。我只记得刺眼的白雪、漫天的黄沙、灰色的废墟；我的鼻子里永远残留着呛人的硝烟和令人作呕的腐尸气味。我一路从莫斯科的红场走来，经历了太多战友的死亡之后，终于将皮靴踏在了纳粹德国的心脏之上。

柏林，我们来了。

你将在我们复仇的火焰和怒吼中颤抖、哭泣。红军不会吝啬钢铁和炸药。你曾施加于俄罗斯母亲的苦难将得到百倍的归还。我们要毁灭你，因为你代表着希特勒、党卫军、纳粹。对于魔鬼的聚集地，怜悯和宽恕不会出现在政治委员的动员演说中，也不会印刷在苏联红军战士的作战手册里。只有彻底消灭法西斯，才是对善良人民最大的仁慈。

站在柏林街头，满腔仇恨在我的胸膛内燃烧。我本以为眼光中将充满血色，但我又不自觉地被一抹新绿所吸引。尽管街心花园被炸毁的残壁所覆盖，可不知名的小草还是不屈不挠地钻出地面。正在恍惚间，一对野狗竟然也窜出来，公然在我们面前交媾。这两条瘦骨嶙峋的流浪狗居然还没被饥饿的柏林人捉住吃掉，运气还真是不错。

自然界的规律不会因惨烈的战争而改变。春天毕竟还是来了。虽然我已经失去了4个春天，但崭新的季节已经出现在我面前。战争已经到了最后一刻，攻克柏林城指日可待。

我幻想着能够再次品尝到妈妈亲手熏制的红肠，能回到大学完成我的学业，能同亲爱的达尼亚漫步在涅瓦河岸边倾诉儿女情长……只要活过这最后几天。

“尤里，卧倒！”一个人粗暴地将我扑倒在地。随着一声爆响，一名战士倒在我身边。不知是弹片还是飞溅起来的铁片击中了他的胸口，刺穿了他的肺部。他吃力地大口喘着粗气，一股血沫顺着嘴角洒向身下的新草。

“是‘铁拳’！”

“右前方 40 米，3 楼。”

“蓝色窗帘的那个房间。”

在我们后面大约 50 米处，一辆 T-34 坦克依据步兵的观察情报，缓缓转动炮塔，将炮管对准来袭方向。一场震动之后，那扇窗户连同外墙被炸出一个巨大的窟窿。

真见鬼，前面的突击排不是已经将整个街区清理过一遍了吗！这伙德国佬是从哪儿窜出来的?

“2 排，前进。”新来的少尉排长猛提我的后领，一把将我从地面上抓起来，并塞给我一把“波波沙”冲锋枪。正是少尉救了我的命。我的老排长前几天在进攻号称“柏林之锁”——泽洛高地的战斗中被炸断了左腿，于是团里紧急派了一名新军官接替。

随着红军离柏林的中心区——帝国国会大厦越来越近，敌人的抵抗也愈发顽强。这个时候还能够坚持战斗的德国人一定是最顽固的纳粹分子。尽管柏林主力城防部队不断后退，但部分德国佬采取了城市游击战术，时不时突破到战线的红军一侧进行突袭。而没有步兵保护的大炮和坦克就是他们最好的目标。

刚刚袭击我们的人使用了绰号“铁拳”的超口径一次性反坦克火箭筒。这种武器简直是坦克手的噩梦。它在有效射程内能够轻松击穿 140 毫米厚的装甲，将融化的金属流喷射到坦克组成员身上将其活活烫死。我亲眼看见牺牲的坦克兵面庞上覆盖着一层凝固的金属膜。一个刚刚还鲜活的肉体转瞬间就变成了恐怖的青铜雕塑。

德军这种绰号“铁拳”的反坦克武器，着实让我们吃了大亏。

在红军攻入柏林市区初期，我们的装甲部队因在街道上施展不开，就吃了“铁拳”的大亏。后来不知道谁想出了一个歪点子，将弹簧床里的弹簧拆下来装在坦克外壳上，当“铁拳”发射后，其弹头就会因碰到弹簧而弹射开或提前爆炸，从而确保装甲完好无损。这下子全柏林的床都遭了殃，我们只好委屈市民们将就一下地板了。想想列宁格勒的市民在德国士兵的包围下连地板都被扒下来当柴烧，柏林市民算是很走运的了。

虽然让我们的一个同志牺牲了，但这个发射“铁拳”的人一定是个菜鸟。这种型号“铁拳”的有效射程只有 30 米至 40 米。咱们的坦克一般跟在步兵后面 50 米处。这个新手远远就开火，根本不会对坦克构成威胁，反而暴露了自己。

我踉跄地跑了几步，从街心花园跑到街口的咖啡店大门口，紧贴着墙壁，等待其他战友跟上。少尉最后一个起身穿过街道，但他在离我仅有只有一步之遥时，随着一声枪响应声倒地。倒下后他仍然直直地面向我们，蓝灰色的眼睛圆睁，原本英俊的五官扭在一起，煞是狰狞。他的钢盔上开出一个小小的洞，我似乎看见一缕白烟从洞口向天空飘去。

还有一个狙击手隐藏在左侧街道的楼房上。他显然一直等待军官进入视野后才开枪，否则我的身上早就多了一个窟窿了。

这位新来的少尉叫什么名字？瓦列里还是瓦西里？我实在不记得了，也没有关心过。后面的医疗队会来收尸的，年轻的少尉就这样匆匆从我的生命中掠过。我不忍继续盯着那双犹如玻璃球一般了无生气的眼珠，战场也容不得我再犹豫片刻。我的双腿不自觉地拼命奔跑，直到躲进一面残垣背后才屈身坐到地上，感觉全身的血都快被抽干了似的。我看到另一个步兵班在街对面搜索那个狙击手。少尉的仇只能拜托他们报了。我们还得确保干掉那个掷弹兵。

希特勒的男孩

这是一幢豪华旅店。一楼的前台大厅尽管被炸得面目全非，但散落在地上的水晶吊灯碎片和猩红色的羊毛地毯仍显示其原有的不凡品味。也许就在这里，大腹便便的戈林曾宴请过纳粹的达官贵人；能言善辩的戈培尔曾组织过沙龙和酒会；甚至希特勒本人曾为他的党卫军将领授勋表彰……这些都不重要了。这个曾经云集德国上流人物的地方如今只是堆满垃圾的恶臭房间，里面还躲着一个注定要被干掉的德国掷弹兵。

1 楼、2 楼的所有角落很快清理完毕。我们没有发现那个掷弹兵的踪迹或尸体。看来他还躲在 3 楼，没有移动阵位。真是个新手，应该比较好对付。我将冲锋枪举起，奥列格军士和雅科夫上等兵各拿出一枚手榴弹，小心翼翼地从楼梯登上 3 楼楼面。

我刚一露头，一个黑乎乎的东西就向我砸来。

我下意识地一偏头，一脚将落地的黑家伙踢开，并迅速转到墙角隐蔽。等了大约 10 秒钟，还没有响动。奥列格观察了一会儿，骂骂咧咧地说："是个砖头。"

我们再次向走廊探视。这一次我看清楚了，一个浑身是血的人靠着走道顶头的墙壁动弹不得。他用手又抓起一枚石块，向我扔来。这一次显然力道不够，我轻松就躲过了这个慢速"手榴弹"。

我大喝一声，战友们一拥而上，将这个德国人包围起来。

"扔掉武器，抬起头来。"我用德语命令道。

他尽力站直躯体，高高地抬起下巴，开始破口大骂。

这时我才看清楚，他还是个孩子。

他看上去 15 或 16 岁的模样，满脸雀斑，有着湛蓝的眼睛和一头脏兮兮的淡金色头发。少年穿着过大的军装，更显得瘦小纤细。他的脸上沾着新鲜的血迹和渣土，显然是被刚才 T-34 坦克发射的炮弹炸伤。

"他说什么？"奥列格问我。

"他骂我们是斯拉夫猪。"

奥列格冷笑起来："好啊，被猪干死，你们这些雅利安人岂不是比猪更不如？"

我对德国少年说："举起手，你被俘了。"

少年见我懂德语，情绪更加激动起来。他舔了舔干枯的嘴唇，努力做出勇敢坚毅的样子说："我发誓为元首效忠。绝不向你们这些劣等人种投降。第三帝国一定会将你们斩尽杀绝。为元首和德国牺牲，是我的光荣。"

"好了好了。"我不耐烦地用冲锋枪枪管戳戳他的肚子，说："臭小子，战争已经结束了。你很快就会回到妈妈身边的。"

少年说："战争才刚刚开始。温克将军的集团军将从波兰东南部增援我们，我清楚你们马上就要被包围在柏林，烂死在这里。"

他继续喊道："罗斯福死了，你们和英美的同盟马上就会破裂了。我们的元首正在同他们谈判，我们将再一次联手消灭你们这些东方的布尔什维克瘟疫。"

洗脑，比监禁更为可怕的刑罚。监狱只能囚禁人的肉体，洗脑却是要禁锢人的精神。对敌人的惩罚仅仅是生理上的痛苦，对自己人的洗脑是提供精神上的虚假快感和对真相的无知。我也算是一个知识分子了，知道被洗脑的痛苦和洗脑后的狂热。当然在战争这种极端状态下，也许洗脑是对的。太多的思想只会将力量分散。作为一名普通战士，我只用相信斯大林同志、朱可夫元帅和别尔扎林上将就够了。他们让我去哪儿我就去哪儿，命令我消灭谁我就消灭谁。我永远都记得这一点：我是坚强的红军战士；我将永远执行领袖的命令：把法西斯野兽打死在他们自己的巢穴，将胜利的红旗插到柏林的上空。

战争的洗脑让可怜的孩子们的思想也变得偏激、狂热。

虽然这小伙子说的话 99% 都是胡扯，可有一点是对的，那就是在消灭共同的敌人——德国纳粹主义后，苏联的共产主义和西方的资本主义是否会再次开战呢？我知道最新的通报是，第 58 近卫师和美国第 69 步兵师于 4 月 25 日在易北河畔的托尔高地区会师。现在相聚甚欢的苏美两军说不定早就各自在背后磨刀霍霍了吧。

“希特勒万岁！”德国少年突然将我一推，顺势从地上又捡起一个石块，扬起手臂。

哒哒哒！奥列格军士毫不犹豫地朝他开枪。少年应声倒地；雅科夫又赶紧补了一梭子子弹，将他的胸膛打得稀烂。

“你就先走一步为希特勒在地狱开道吧！”

奥列格从口袋里掏出一枚缴获的铁十字勋章，扔到男孩的尸体上：“给，元首奖励给你的。”

我呆呆地望着奥列格和雅科夫。我能责怪他们么？当然不能，这些穿军装的小孩脑子里已经装进了纳粹的魔鬼，于是他们也变成了魔鬼。魔鬼不会因为年纪小就不吃人。不久前就发生过被俘的德国人突袭看守的红军士兵的事例。如果有谁谴责苏联人残忍，那就让他们来看看德国人曾经对我们如何更加残忍吧！一个民族的罪孽需要这个民族的所有人承担。

可是孩子毕竟是孩子啊！我叹口气，低着头返回楼梯。

奥列格拍拍我的肩膀说：“尤里，我们不是要复仇吗？我提前杀死了一个凶恶的纳粹分子。”

奥列格来自白俄罗斯的首府明斯克市，战前是一家机床厂的普通工人。1941 年，战争爆发仅仅 6 天后，德国人就占领了明斯克。当时奥列格正在黑海边的疗养院修养，从此他就与家人失去了联系。直到 1944 年 7 月，奥列格才随着解放的大军回到故乡。在被德国人统治的 3 年里，明斯克地区总共有 30 多万人被纳粹杀害，失踪者更多。而奥列格的家人至今还不知所踪。

我点点头，握紧冲锋枪说：“好，那就让我们杀死更多的纳粹分子吧！”

给母亲的一封信

亲爱的妈妈：

您一定想不到，我现在就在柏林。

我的导师格里高利教授曾经告诉我，柏林大学有欧洲最好的考古学和人类学专业。他说他很乐意为我写推荐信到德国留学进修。我万万没有料到，我竟然是以复仇者和征服者的身份进入柏林。我身着军装而非西服，手握冲锋枪而非钢笔，满怀仇恨而非向往。战争扭曲了一切。我还是原来那个不谙世事的毛头小子吗？我曾计划一辈子都在大学的研究室里翻阅古籍，写写诗歌，拉拉小提琴。可在现实中我竟然成了久经沙场的红军战士。无论多么荒谬的事情，习惯后也就自然而然了。

时间过得真快啊，当征兵处的大叔将我从莫斯科大学的课堂里提溜出来时，我连步枪的保险栓在哪儿都不知道。那时德国恶魔正在横扫俄罗斯大地，他们的一支坦克部队离红场最近的距离仅仅 50 公里，据说在那个地方能够看到克里姆林宫斯帕斯克塔楼上的红五星。我害怕了，我真的害怕了，想着我们不可能守住莫斯科的。这种兵临城下的恐惧和绝望我永远也忘不了。

然而现在，一切都反转过来：4 年前我猫在壕中瑟瑟发抖，德国坦克随时都可能从头顶出现；现在我却可以清晰地看到德国国会大厦的标志性圆顶。250 万红军已经将柏林围得水泄不通。斯大林同志能够留在莫斯科领导我们走向胜利，而希特勒留在柏林注定将要灭亡。

妈妈，自从战争爆发以来，我就一直跟随着队伍，有好几次就在哈尔科夫[①]周边作战，可惜一直没能回到故乡去看看。其实也没什么可看的。太多的城市变成了废墟，比起华沙、斯大林格勒和现在的柏林，哈尔科夫算是保存完好的幸运儿了。

告诉您一个秘密，在哈尔科夫战役中，我差点成了德国人的俘虏。我一直没敢写下来，怕您担心。那还是在 1942 年 5 月，取得了莫斯科保卫战的胜利后，红军为了巩固刚取得的主动权，计划夺回哈尔科夫。可是德军的顽强超出想象，他们的装甲集团军将我们包围，大约只有十分之一的红军从包围圈中撤退出来，我就是其中之一。家乡离我近在咫尺，却远如天边。

这是我第一次失去了几乎所有战友，当然这也不是最后一次。我的同袍、上级军官在身边来来往往，除了极少数调往其他部队之外，大部分人都倒在了东欧广袤的土地之上。有时候作战结束，发现前天刚认识的战友失踪，去找政委核对姓名籍贯，结果政委也牺牲了。死亡就像每天刮胡子一般平常。我之所以还能活到现在，仅仅是谨慎加一点好运气罢了，也许就在下一刻，我将倒在柏林的街道上。不过那也没什么可遗憾的。苏联的完全胜利已不可阻挡。我为祖国尽了全力，我不需要勋章，我只希望拥有“无名烈士”的头衔就足够了。

妈妈，小时候您总是笑话我像个小女孩儿一样，看到蟑螂也要大呼小叫。可是您相信此刻我正坐在一个德国人的尸体旁边写信吗？如果不是他浑身沾满了泥和血，我也许会直接枕在尸体的肚皮上就那么小憩一会儿。从 4 月 16 日开始对柏林外围发动进攻以来，我们持续战斗了两个星期。我和战友们实在太累了，根本没有精力去清理出一块儿干净地方来，满大街都是倒下的人。

① 乌克兰第二大城市，哈尔科夫州的首府。

我眼前的这个穿黑军装的家伙应该是一名武装党卫军的二级突击队大队长。奥列格军士刚刚从他手腕上取下了一块手表和手指上的戒指塞进腰包，而我则从他的口袋里发现了一张小小的照片。哦，我忘了介绍了，奥列格军士是我们部队占领华沙后才转过来的，现在是我最好的伙伴。

照片上是一个幸福的家庭，丈夫、妻子和三个孩子。我看到照片背面标记的拍摄时间——1942 年 4 月，当即就将照片撕碎扔到空中。同情他们？不！一个靠破坏别人幸福的人不配拥有幸福。1942 年正是祖国最危险、最困难的时期，太多的家破人亡、太多的妻离子散，人间悲剧每天上演。以死亡来赎罪就是一个侵略者的最好归宿。至于他的妻子儿女，又与我何干呢？我的悲悯只能献给苦难的俄罗斯，没有富余来施舍给毒蛇的家人。

我们在波兰和德国境内还发现了很多犹太人集中营，里面发生的事情就连最冷酷的人知道了也要落泪。如果您的上帝真的存在，那么他一定是瞎子，否则怎能容许如此骇人听闻的事情发生呢？或者上帝根本斗不过魔鬼，只有共产党员才能消灭他们。

“魔鬼”一词，并非是我对看守集中营的党卫军的形容，而是实实在在的存在。妈妈，您在那里还祈祷么，有东正教的神父为大家做弥撒么？圣经里说：“不要与恶人作对，有人打你右脸，连左脸也转过来给他打。”哼，这只是弱小民族的权宜之策罢了。犹太人再这么被纳粹迫害下去，他们将死得一个不剩。对强大的俄罗斯而言，如果有恶人打我们的右脸，我们就要拧断他的脖子。

连长正喊我过去，今天就只能写到这里了。我知道您是看不到这封信的，审查信件的军官也肯定会删掉大部分内容。不过那又有什么关系呢？我的心与家人同在。

爱您的尤里
1945 年 4 月 29 日于柏林

古埃及学者

连长杰缅季大尉朝我喊道："尤里，上面需要懂德语的。到后面三个街区的俘虏收容站报到。"

"是，大尉同志。"我将书信收拾好，戴上钢盔，一路小跑到收容站。

这是一个小型广场，里面挤满了身着国防军、党卫军、军校学员、甚至飞行员制服、水手服的德国男人，从 55 岁到 15 岁的都有。太老或太年轻的德国人显然都是刚刚应征参战，连正式制服都没有，仅仅在普通服装上绣了个标识，左臂上戴着纳粹红底"卐"字袖套，以同平民区分开来。

不时还有零零散散的德军手握一张传单，高举双手，自己走进来。他们手里的是红军政治部空投的"安全行为通行证"，只要拿着它主动投降，就能保全性命。

我们抓获了大量德军俘虏。

这些俘虏都被缴了械，目光呆滞地坐在地上等待发落。大约20来个红军战士将他们围住，4挺机枪分别架在广场的4个出口处，严阵以待。在广场外侧，还躺着一些尸体。那是临时配发了武器，但还没来得及穿上制服就被俘虏的柏林市民。对于这样的人，红军一律以间谍罪名论处，当场枪毙。

我观察了一番，向广场上军衔最高的人敬礼道："近卫中士尤里·科诺罗佐夫向您报道。"

"嗯，科诺罗佐夫军士，你去简单地审问一下这些俘虏，将纳粹党员和党卫军挑出来。"团级政委命令道。

第5突击集团军有我这样懂得多门外语的人真是省了不少心。因为这群俘虏中除了德国人之外，还有很多来自法国和丹麦的纳粹自愿兵。正巧我也略知法语和丹麦语，因此一并审讯了。

经过辨识军服、搜身、相互指认和审问，我很快就完成了任务。我向政委汇报完毕，又问道："那么要将这些人怎么处理？"

"要押到后方再仔细审问。上头担心里面混有纳粹的高级军官。其实……何必这么麻烦？"政委咕噜了一句。

我当然知道政委的想法。这些德国人沾满了苏联红军和无辜民众的鲜血，既然查出来了，干脆拖到后面直接枪毙算了。什么，《日内瓦公约》？红军当然要遵守，可前提条件是敌人也要遵守啊！德国人只要知道被俘人员是共产党员或政治委员，往往当场枪杀。他们还振振有词地说，共产党员和政治委员不是正规军人，不享受战俘待遇。我承认，此刻我也有强烈的冲动想要扫射这些德国人。让《日内瓦公约》，让西方媒体，让那些具有廉价同情心的人见鬼去吧。

"苏联会给他们一个公平的审判的。"正在纠结之时，一个洪亮的声音传来。第5突击集团军司令员别尔扎林上将出现在我们面前。

我和团政委急忙立正敬礼。除了几年前我在莫斯科红场远远望见过斯大林之外，这还是我第一次近距离见到这样的大人物。

上将身材有些发福，头发花白，褐色的眼睛里沉淀着镇定，不过难以掩饰的疲倦仍然浮现在他的脸庞上。他同我们所有的普通战士一样，亟需美美地睡上一觉。由于第 5 突击集团军是第一支攻入柏林的部队，根据从 18 世纪苏沃洛夫时代定下的传统，别尔扎林上将因此被朱可夫元帅任命为柏林卫戍司令。于是除了指挥激烈的战斗，他还肩负了恢复已占领区治安和管理俘虏、平民事务的重任。

“如果靠枪毙人就能够消灭法西斯，那法西斯也太容易对付了！”别尔扎林上将微笑着说：“我们可不能将自己的水平拉低到同纳粹一个档次。”将军接着又问我：“小伙子，挺年轻的嘛，哪儿学的德语啊？”

我回答道：“战前我在莫斯科大学主修人类学系，研究语言的。欧洲主要语言我都懂一点儿。”

“哦，大学生啊！不过语言学研究什么呢？托尔斯泰的小说和普希金的诗歌我们都看得懂啊！”

我支吾着说：“我不是研究现代语言，我的专业是……”我犹豫了一下，每当我说出自己的专业，总是引起旁人的嘲笑，好像我是无所事事的老学究。“我的专业是古埃及象形文字。”

现场一片沉默。

“你再说一遍，我没听清楚。”上将和蔼地说。

我鼓起勇气大声说：“古埃及象形文。”

轰，人群里爆发出一片笑声。我挠挠后脑勺，无助地看着别尔扎林上将。我不责怪他们的无知，全苏联懂古埃及象形文的人大概不超过 50 个，而且经过长期的战争后恐怕剩不了几个人了。在炮火纷飞的战场竟然有个人宣称以研究 5000 年前的文字为乐，实在是很滑稽。

“埃及都是沙漠吧，还有古代文明？”

“你见过木乃伊吗？”

“法老是不是也压迫无产阶级，同希特勒一样坏？”

别尔扎林上将向旁边挥挥手，示意人群安静下来：“这有什么用呢？”

“为了复活一个已经死亡的文明。”

“既然已经死亡，又何必去复活？”

“如果您有一个英雄般的，却不为人知的先辈，您一定会挖掘他的事迹向世人传颂吧。古埃及文明就是我们整个人类的先辈，我很好奇他们辉煌文明中的秘密。”

站在全人类的立场看，发生在全世界的这场战争多么荒谬啊！俄罗斯文明和德意志文明，在古埃及人看来就跟拉神和阿蒙神一样，相同点远远多于差异点。现代人类一边不惜毁灭自己的兄弟文明，一边又费尽气力去发掘远古文明的遗骸，未来的人类或许依然会重复现在的流程，并像我这样空发一番感慨。如果真有上帝，那他每天都看着人间上演同样的闹剧，一定会偷偷大笑吧。

别尔扎林上将说：“我现在将你调离前线，到后勤部队工作吧。战争马上就要结束了，苏联需要你这样的人才。”

一听这话，我急了：“将军同志，我从莫斯科打到这里，离胜利就差最后一步了。在红军队伍里，我就是苏维埃的普通战士，不是什么学者。我可不能临阵脱逃。”

将军沉默了一会儿说：“好吧，你回到原队伍里去。不过小伙子，你一定要活到胜利，一定要看到红旗插到国会大厦上去。我希望战后在莫斯科，在大学里再见到你。”

“是！”我敬完礼，飞快地跑回到自己的连队，生怕将军改变了主意。此刻起我又变成了复仇者尤里，近卫步兵第89师的中士。

什么人类大同，什么文明传承，这些布尔乔亚式的鬼话早就扔到了贝加尔湖里。这不是文明与文明的碰撞，而是正义与邪恶的决斗。就算纳粹德国还剩下最后一口气，我们既不能也不会有任何心慈手软。战友们，尤里回来了，很快我们就将一同在德国国会大厦的圆顶上朝罪恶的柏林撒尿！现在我唯一感兴趣的是如何摧毁柏林，摧毁那些该死的纳粹法西斯。

而别尔扎林上将，我们终究没有机会在战后重逢[①]。

菩提树下大街

依据地图来看，从我们连正集结的这条著名大街出发，步行到国会大厦要不了半个小时。然而这半小时路程恐怕是世界上最致命的行进。

通往国会大厦的每一个十字街口都树立了高 2.5 米，厚 4 米，用木头、石料和钢铁栅栏制作的路障。德意志民族不愧是严谨的民族，连路障也修得统一标准。他们还将公共汽车或有轨电车推到道路中间以节省工作量。由于缺乏汽油，他们又将不能移动的坦克炮塔卸下来固定在十字路口充当大炮。巨大的 88 毫米高射炮也被安置在路中央，炮口水平对准红军坦克可能袭击的街口。

除此之外，临街的每一扇窗户后面都躲藏着一个邪恶的枪口，屋顶上则埋伏有 MG-42 通用机枪的机枪手或狙击手，就连地下室的通风口里也随时可能放出冷枪。这哪里是世界第三大城市、现代工业文明的中心？柏林此时就是吞噬生命的怪兽，尽管奄奄一息，仍然不停地吸食着红军战士和德国士兵的血肉之躯。

① 就在不久后，1945 年 6 月 16 日，别尔扎林上将不幸以身殉职，年仅 41 岁。

菩提树下大街[①]（Under den Linden），多么美丽的名字。然而这些美丽的树木对第三帝国的臣民毫无意义，生存空间和种族优越论才是纳粹德国的主旋律。

我曾在明信片上见过这条大街在普鲁士时代的风貌，幻想着走在这条林荫大道上感受德国文化，同席勒、黑格尔、尼采进行精神上的交流，也许革命导师马克思和恩格斯也曾在这里探讨过共产主义和工人运动呢。这条景观大街东起历史博物馆，沿途都是德国最重要的文化建筑，包括国家图书馆、国家歌剧院、洪堡大学等，在大街的尽头，就是勃兰登堡门。现在我所属的第 5 突击集团军正从东南面向勃兰登堡门挺近。一旦占领此门，国会大厦就处于红军的枪口之下了。

我在明信片上认识的菩提树下大街，是一条风景优美、文化气息浓厚的繁华大道。

① “菩提树下大街”有时也音译为“林登道”。所谓“菩提树”其实是“椴树”，因为早期翻译错误沿用至今。

可是现在展现在我眼前的，是满大街的瓦砾废墟；布满弹孔的墙壁摇摇欲坠，似乎只要空气稍一震动就会垮塌。大树早已被德国人自己砍光充当御寒的燃料，仅留下光秃秃的树桩述说着昔日的辉煌。战争的残酷轻易就使文化卸下高贵的面纱。

腓特烈大帝，这个带领德国走向崛起的普鲁士帝王，其青铜骑马塑像也被炮火从座台上震落，作为路障也算替德国出了最后一把力。希特勒企图借罗斯福暴死[①]的机会，重演腓特烈大帝绝地反击[②]的幻想也同这尊雕塑一样，成为残破的童话。

曾经高耸伫立在菩提树下大街中央的腓特烈大帝塑像。

① 1945年4月12日，美国总统罗斯福突然逝世。对此希特勒欣喜若狂，认为这是“勃兰登堡王室奇迹”的先兆。

② 1762年，欧洲“七年战争”的第6年，普鲁士被奥、俄、法三国同盟围攻。普鲁士形势危急，腓特烈大帝几乎到了要自杀的地步。就在这千钧一发之际，俄国女皇伊丽莎白一世逝世，其继任者彼得三世调转枪头，反而支持普鲁士。“七年战争”后，普鲁士保住了西里西亚，并正式成为欧洲列强之一，也拉开了普鲁士统一德国的进程。

由于咱们连的几个排长和班长都已经牺牲，奥列格被火线提拔为2排的代理排长。我们排即将奉命攻占一处重要的柏林地标式建筑——德国国家图书馆。

奥列格指示道：“1排作为突击小组先向里面冲，2排的任务是巩固战果。上面给我们配发了炸药和火焰枪。我们紧紧跟着1排，将所有敌人清理干净。伙计们有问题吗？”

“有，”雅科夫说：“我担心1排的人冲得太慢，我们跑到他们前面去了怎么办？”

奥列格笑了：“那图书馆的红旗就由你来插。好了，进入战斗岗位待命。”

在进攻发起前的几分钟，我躲在临街建筑的地下室里观察目标。用奥列格的望远镜可以清楚地看到国家图书馆山墙上的精美浮雕。这是一幢新巴洛克式建筑，坚固的结构使之成为一座天然要塞。每一扇门窗都摞起了沙包，仅留下一个射击孔。我还可以看到从门廊和地下室里伸出来的小口径火炮的炮管。尚未发现重机枪火力点。为避免暴露目标，图书馆里的德军一定会等红军出现在大街上时才会开火。周围还有两幢建筑同图书馆形成了一道交叉火力网，彼此间可以相互支援。这几乎是无懈可击的防御体系。

我转过头看看周围的弟兄们，其中的一些人可能在进入图书馆大门之前就会倒在菩提树下大街上。我同他们大部分人都没有什么交往，因为我不希望将感情浪费在必将死去的人身上。与其因战友牺牲而痛苦，不如一开始就保持距离。也许我是个大煞星，导致身边的人迟早都会牺牲；或许我是个幸运儿，在超高死亡率的漫长战争中能够存活至今。为什么别人死了我却活着？我不是坚定的布尔什维克，我不是战斗技巧高明的战士，我虽然不怯懦但也不勇敢，我活着不会加速胜利，我死了也不会导致失败。我唯一的特长就是会读埃及法老的墓志铭，难道这就是我存在的理由？

我没能见到画中的美景，只看到化为废墟的战争遗迹。

强攻

奥列格喊道："全体注意，炮火准备开始了，等指挥员口令冲锋。"

在应对坚固目标时，红军会以连为基础，组织若干个强击群实施强攻，除了包含全部班级步兵战术单位之外，还另配备有1至2个重机枪班、1至2个背囊式喷火器班、1至2个炮兵排、1个自行火炮排，有时还会增加1个坦克排。以上诸兵种须协同作战，尤其是火炮、坦克同步兵的配合更为关键，射击范围、时机必须拿捏十分精确，否则就很容易误伤友军。

跟着我们班的喷火枪兵看上去像来自远东的鞑靼人。他隐蔽在我身边，朝我微微点头问好。我的任务就是在他开火之前为他扫清堵在房门口的敌人，并确保没有敌人从侧翼或后方向他开枪。

他刚要准备做自我介绍："我叫……"

我赶紧伸出右手同他握手说："同志，你是跟着我们班的第 4 个喷火枪兵了。我会不惜性命保护你的。不过别离我太近了。"

一想到万一他不小心误操作，身边的人就有可能成为喷火器下的烧鹅，我就浑身不舒服。

他笑着说："放心吧中士，我会很谨慎的。"

就在说话间，一个通讯员喊道："同志们，抓稳，马上开始了。"

话音未落，整个大地开始颤抖起来，一切都在摇晃，头顶的天花板上簌簌地落下大把的尘土。我们用手捂住双耳，张开嘴。幸运的是，我不用像 4 年前那样蜷缩着身子贴在战壕地面上，因为这些恐怖的炮弹是飞向对面的敌人。

第一轮火炮压制射击猛烈而短促。按照惯例，首先出场的是美丽的"喀秋莎"。这种自行火箭炮虽然精度不高，但威力惊人，能在短时间内将大量炸弹倾泻到敌方阵地，是发动进攻前必备的武器。

这是我们令敌人闻风丧胆的战场利器——"喀秋莎"火箭炮

“喀秋莎”的使用范围之广，装备数量之多，已经成为红军的标志性武器。

紧接着开来了一个庞然大物——被德国人称之为“斯大林之锤”的B-4榴弹炮。这种似乎装载在拖拉机底盘上的怪物拥有203毫米口径炮管，配备有混凝土穿透弹，是坚固工事的杀手。尽管它需要15个人伺候，但它就像攻城锤一样，一炮就能将建筑物的坚固外表炸开一个大洞，为后续进攻的步兵们打开一条通路。我曾亲眼看见，在“喀秋莎”和“斯大林之锤”的联合打击下，一幢6层公寓楼轰然坍塌，掩埋了死不悔改的纳粹分子们。我们俄国人的武器就是这么强大！

前戏还没完。配发给我们连的3辆T-34坦克隆隆地从后面冲上来。它们停留在离图书馆50米开外，对火力点目标定点炮击。子弹奈何不了坦克厚厚的装甲，“铁拳”这种反坦克火箭弹射程又够不着，一时间T-34坦克力克群敌，压得对面的德国士兵纷纷躲在沙包下面抬不起头。

忽然从路障后蹿出一名身着党卫军服装的德军士兵。他手持一枚反坦克手榴弹，向离他最近的一辆坦克跑去。真不知道这个家伙是怎么躲过刚才的炮火覆盖的。他刚好处于T-34的盲点下，坦克上的机枪手没有发现迫在眉睫的危险。

奥列格大喝一声，命令全排的轻重机枪一起向这名党卫军士兵开火，赶在他投出手榴弹之前，把他放倒在街道上。这个受伤的人失去了准头和力量，掷出的手榴弹在坦克前方爆炸，没对坦克造成伤害。T-34车组终于发现了他，调转方向朝他开去。他受了伤，却还没有毙命，挣扎着试图离开坦克前进的路线。当然，他未能逃脱命丧履带之下的命运，被轰然驶过的钢铁巨兽无情碾压。

“居然是个法国人。”奥列格疑惑地说：“‘查理曼’师不是已经被击垮了么？”

党卫军第33“查里曼”武装掷弹兵师全部由法国志愿兵组成。真不知道苏联哪里招惹他们了，这些人为德国人作战比为他们自己的祖国人民还积极。法国志愿兵的军装同德国党卫军一样，唯一的区别就是右臂上镶有红、白、蓝三色的法国国旗。这名掷弹兵估计是“查里曼”师被打散后又独自加入了其他德军部队。

我承认他是条汉子，如果法国人都用这个劲头去抵挡古德里安的装甲师，5年前西欧就不会那么快沦陷吧。可是硬汉也抵不过钢铁，刚才的血腥一幕也使见惯了残肢破体的我们微微发抖。

不待片刻，“斯大林之锤”已将图书馆东南角墙壁叩开一条长5米左右的裂口。连政委米哈伊尔上尉随即吹响进攻的口哨，高举手枪第一个冲上前去，1排战友也纷纷跃出地下室，跟着政委向缺口方向冲。同时后方所有轻重火力一起向图书馆各个窗户和门洞倾泻，馆内守军的反击有所减弱。

就在坦克掩护1排冲锋的同时，2排也紧随其后加入战斗。子弹飕飕地在我耳边划过，致命的弹片、木楔子、碎石在空中乱舞。我让喷火枪兵跟在身后，拼尽全力在街道上以不规则路线奔跑。就在我跨进图书馆内的同时，背后又传来一声尖锐的爆炸。我回头张望，原来一颗子弹击中了这位喷火枪兵的背囊。这个可怜的人霎时间就化作一团火球，痛苦地没命疯跑，直到被地上的尸体绊倒，就再也爬不起来了。

巷战

“同志们，冲啊！”1排的人呼喊着，不顾一切地向这幢建筑内部跑去。他们的任务是尽快深入到敌人的防线后方穿插，将德军的防御体系分割开来，使之不能相互支援。2排则必须逐个清理所有房间，确保身后不会再有敌军偷袭。一旦我们的强击群巩固了突前阵地，整个营或团的力量将如滔滔洪水涌进。此时别尔扎林将军才能够在地图上将这里标记为胜利的红色。

由于地下室是敌军驻兵和安置火炮的地方，所以我们首先赶赴地下室。机枪班扼守住通道，其余战士开始以 3 或 4 人为一组分别扫荡房间。我、奥列格和雅科夫来到一扇木门后，推了推门，发现门锁得死死的。“工兵！”奥列格喊道。一名士兵飞快地将小型炸药包支撑在门上，向我们比划了个手势后就直接引爆。就在大门应声倒下的同时，一颗手榴弹从屋里飞了出来，吱吱冒着青烟在地面上滚动。对此我们早有准备，奥列格一把捡起手榴弹又扔了回去。我和雅科夫破门前就准备好了手雷并拔出保险销，此刻松开握片，默数了 2 秒钟，也一左一右跟着扔了进去。听到 3 声爆炸，我们端起枪对着黑洞洞的房间一阵扫射。在压制住敌人的火力后，另一名喷火枪兵及时赶到，向屋内射出了一道火舌。火舌在房间内游走，只要被它舔舐到的地方顷刻就化作魔鬼的气焰，整个房间也随之变成了炙热的地狱。

原本躲在家具后负隅顽抗的德国佬忍受不了高温，纷纷跳了出来，他们或张牙舞爪地拼命扭动，或团成一圈倒地打滚，试图扑灭身上的大火。我站在门口冲着这些火球射击，结束了他们的痛苦。房间里依旧传出“Hilfe！ Hilfe！”（德语“救命”）的哀嚎。在大火的照明下，我注意到这整个房间其实是一个临时改造的医务室，房间地上还躺着缠着绷带的伤兵。军医和护士模样的人早已被手雷掀翻在地，白色的医务服上血迹斑斑。烈火肆虐着蔓延，毫不留情地吞噬这些活体。惨叫声渐渐弱去，室内充斥着呛鼻的浓烟，以及诡异无比的烤肉焦味儿，我忍不住有些犯呕。

我愣愣地看着这幅惨状，一时间不知所措。混蛋，那些还能战斗的德国人为什么不投降呢？他们为什么要绑架伤员一同为纳粹殉葬呢？难道他们以为靠躲在伤员背后，苏联红军就会手下留情吗？如果说德国士兵现在是困兽的话，苏联红军就是杀红眼的猎人，任何力量都无法阻止柏林陷落。

奥列格猛地将我拉离房间。他换上了一副新弹鼓，对着满地蹒跚的德国伤员啪啪点射。“他们应该感谢我的仁慈。”奥列格对我说：“其实我不会惋惜纳粹被活活烤成木炭。”

确实，套用老话说，死了的纳粹才可能是好纳粹。可是这些人不是纳粹啊，他们只是失去战斗力的伤员，是头脑发热的孩子。罪恶的第三帝国在倒坍之前还需要更多的生命为它陪葬，如果这是无法避免的损失，我只能祈求让这一切快些结束吧。

收拾完地下室的敌人后，2 排沿着东面回廊一路前进到一处带有巨大拱顶的，几乎跟广场一样开阔的大厅——这里是公共阅览室。尽管图书馆饱受创伤，可阅览室的巴洛克式装修仍尽显奢华。穹顶下垂着晶莹剔透的水晶吊灯，四周绘制了宏大的壁画，约百来张镶有精致花边的胡桃木阅览桌犹如阅兵方阵一样齐整摆放。一排排书架将这里分割为小而相对独立安静的空间，看上去整个大厅似乎变成了一个由书组成的迷宫，爱书之人一定会流连其间、难以自拔。只是这里有一些格外刺眼的东西——圆弧形墙壁上悬挂了十几面十米来长的纳粹党旗，破坏了这个本应静怡的场所。这些旗帜上的白底圆圈犹如一只只独眼巨人的大眼睛，俯视着整个大厅。真不知道那些德国人怎能在这种压抑的环境中读书。可是话也说回来，在莫斯科，读书的环境似乎也好不到哪儿去。

杀德国人我不会有太多犹豫，可预见到如此美丽的大厅将被破坏殆尽，我还是有些手软。然而战场根本容不得我惺惺作态，电光石火间一串手雷如雨点般向躲在书架后面的德军扔去。雅科夫和我冲进书架间驱赶顽强抵抗的德军。这时雅科夫取出一枚手雷抛出去。大约是错误估算了书架的高度，手雷竟然没能越过书架，被反弹了回来，正好落在他的脚下。我下意识地跳到书桌下面卧倒。与此同时，雅科夫大骂一声，被淹没在爆炸的火光之中。消停过后，我赶紧从书桌下爬出来，替雅科夫查看伤势。天哪，他的身体已经残破不堪。他气若游丝，口里喃喃道："尤里，书架……比门高……"他似乎想要自嘲一番，却就此顿停，连眼皮也来不及合上。

"同志们，撤回来，火炮来了！"后面有人大喊。我忍着泪，吻了一下雅科夫的额头，飞也似地逃离了书架迷宫。

原来增援我们的 3 排战友硬生生地拖进来 2 门小口径火炮，架在大厅入口处开火。一时间硝烟弥漫，书页纷飞，犹如狂风扫落叶。恰巧一页封面飘落到我脚下，我捡起一看，居然是印有希特勒肖像的杂志。封面上的希特勒身着戎装，神气活现地盯着我，似乎在向我挑衅："劣等的俄国人，肮脏的布尔什维克，我会将你们一个个都吊死。"我把它揉成一团，扔在脚下，将皮靴踩在这个曾经不可一世的暴君头上。

最后还是喷火器解决了问题。熊熊烈火将这华美的大厅，连同里面的万册藏书彻底摧毁。剩余苟延残喘的德军退守到了 2 楼总书库。

书籍的"停尸房"

柏林国家图书馆的前身是由普鲁士国王暨选帝侯腓烈特·威廉在 1658 年建立的皇家私人图书馆，距今已经有将近 300 年的历史。这里除了存有近千万册普通书籍之外，还藏有第一本以活字印刷术印刷的古腾堡圣经，有歌德的亲笔手书，有莫扎特、巴赫和贝多芬的乐谱手稿，以及数百万卷从世界各地收集（或劫掠）而来的珍贵古代文献和善本。这些书册并非纳粹的私物，而是全人类的无价之宝。当然在柏林遭受攻击之前，德国人很可能将大部分最有价值的书籍转移离开。不过在如此浩如烟海的书库中，一定在某个角落还藏有不为人知的文化瑰宝，静静等待被后人发掘。可是今天它们就将葬身火海，就像 1933 年纳粹在此图书馆前焚烧的 2 万册书籍一样。在我看来，这是文明社会的耻辱。个人生命和国家政党都是短暂的，只有记载历史的文字才使得人类永恒。

为了书籍我可以牺牲自己的生命，然而我不能以我的价值取向来决定战友们的生死存亡。为了尽快占领柏林、消灭法西斯，苏联红军将不择手段。从历史上看，文化保护从来都是短暂的和平时期内的奢侈表演。从亚历山大图书馆的坍塌到君士坦丁堡陷落，从古埃及象形文淹没在黄沙之中到玛雅文字被西班牙人彻底毁灭，从中世纪宗教裁判所到现代集权国家，焚书毁书几乎就是历史的常态，只不过有些是有意为之，有些是无奈之举罢了。

建筑精美的柏林国家图书馆。

这时从集团军司令部传来新的命令：不得破坏图书馆，要尽可能完整无缺地接收藏书。我松了口气，然而代价是更多的战友将倒在这充满书卷霉味的库房，他们将永远看不到近在咫尺的胜利红旗，这一切都是值得的吗？自己一介小卒，与其茫然于这些无法得出结论的宏观命题，不如拼死战斗，尽快结束这噩梦般的战争。

我和战友们猫着腰，压低脚步声，逐个走进这书籍的“停尸房”之中。

图书馆，对一本书而言，也许是最可悲的去处。除了极少数之外，绝大部分书籍可能将永远停留在书架上无人问津，借阅记录上永远一片空白；或者有些书风靡几年后就尘封在书库中被人遗忘。这些书就像尸体一样，收藏在图书馆里慢慢变黄、发霉，直至有一天腐朽不堪，最后连“停尸位”也将失去，被管理员清理出图书馆。

这里是真正的迷宫。总书库分有若干个大小不一、相互连通的库房，其间还有众多小面积的独立阅览室、照片观赏室和电影放映室。刚开始我们排的人集中在一起行动。但是在这狭窄的由书架和书柜组成的走道上，分散显然才更为明智，否则万一被德军两头一堵，谁都跑不了。于是大家默契地逐次散开。我转过几个弯之后，便发觉自己已经迷路了，既看不见敌人，也见不到战友。我感觉自己正浸泡在几百万具书本的“尸体”当中，下一刻也很可能变成尸体。

我在不同的步兵师部队里征战了 4 年，最终在以我的故乡命名的近卫师①里战斗。在反攻德国的道路上，欧洲各大城市无一例外都匍匐于近卫军的皮靴之下。我们都是在血与火的磨练中成长起来的红军战士，只要上级一声令下，我们将毫不犹豫地向着胜

① 近卫步兵第 89 师在 1943 年 8 月解放了哈尔科夫市，故得名“哈尔科夫师”。

利——更多的时候是向着死亡前进。死亡对我们而言，仅仅是时间问题。

头顶上的电灯因电流不稳，忽闪忽灭。书库里聚集了上百号人，柏林的街道上正炮声隆隆，此时却诡异得听不到一点动响。每个人都尽量不出声音，期望能够率先发现那个躲在书架后面的敌人，然后开枪击毙他。

“哒哒哒”，“波波沙”冲锋枪的枪声首先打破寂静，接着传来德国人的咒骂和一串 MP-40 的枪声，然后又很快归于寂静。回音在室内无数次往返，我根本无法分辨战斗发生在哪里。此刻灯光也彻底熄灭了，只有从排气孔里漏进来一丝光线，书库里面几乎漆黑一片。我紧紧贴着书架大气也不敢出，感到了前所未有的紧张。当战友在我身边时，我知道我们可以相互依靠，就算中弹也是在自己人身边；可是当我一个人摸索时，孤独的恐惧不可抑止地涌起，此刻一切都只能靠自己。我为自己的怯懦感到羞愧，我辜负了“近卫军”的光荣头衔。尽管我害怕得几乎要崩溃，但还是强迫自己移动。我清楚地知道，待在一个地方不动其实更加危险。

当我蹑手蹑脚转过一排书架时，竟发现前方五六米远的地方，一个人正背对着我半蹲着。他的钢盔上印有两道闪电状“S”标识，是德国人无疑。我屏住气息，缓缓向他靠拢，将枪口指着他。我离他只有不到 2 米远了，此时开枪一定能够打中。

可是……可是我不能对着敌人的后背开冷枪啊！经历了这么多惨烈的战争，我竟然还残存一点可笑的骑士精神，连自己都觉得不可思议。

也许他闻到了我的气味，也许他感觉到了我的呼吸，这个德军士兵突然转过身来。我们之间的距离如此之近，我甚至能看到他的眼睛在黑暗中闪着绿光，好像野兽一样就要向我扑来。

偏偏在这时，灯光又亮了起来。

近距离的两人突然暴露在光线之下，无所遁形。

眼前的这个德国人有一张俊俏的面孔，眼睛像宝石一样湛蓝。灯光射在他的黑色钢盔上，甚至还给它镶上一道亮闪闪的银边。

他看见我，露出了惊慌的神色；而我也一愣，甚至忘了扣动手中的扳机。

走道那头传来奥列格暴躁的喊声。德国人却首先反应过来，他突然狂吼一声，扔下自己的枪，冲到我的面前。我闪躲不及，手中枪管被他死死拽住，枪口被扯向一边。我试图夺回主动，但被他用枪身制住了脖子，一个趔趄后倒在书架上。他的脸变得狰狞无比，一股寒气扑面而来。几乎是条件反射地，我松开冲锋枪，拔出了别在腰间的鲁格（Luger）手枪，抵着他的胸腔做出了唯一也是正确的决定——将 8 发子弹一股脑地倾泻出去。

奥列格及时赶到，抄起他随身携带的工兵铲，将锋利的铲头劈向这个德国人的脸颊。铲子从他左脸的嘴角插入，正好将上下颚切开。当奥列格抽出工兵铲，鲜血泉涌而出，溅了我们一身。

我推开德国人的身体，他直直倒向地板，原本英俊的脸上多了一道开裂到耳垂下的恐怖伤痕，看上去就像维克多·雨果笔下的“笑面人”。他还没有断气，双手捧着伤口在地上抽搐，蓝眼睛死死地看着我们，嘴里嗫嚅着什么。我不愿看下去，给手枪重新上膛，结束了他的痛苦。

奥列格踢了踢尸体，确定人已死后，才忍不住大骂我笨手笨脚，简直像刚上战场的菜鸟。他发觉了我的迟疑，很是替我紧张了一把。

我从前总是远远地射击或投掷手榴弹，就像对着木头靶子，没什么实感；而这是我第一次看着对手的眼睛痛下杀手，一种前所未有的恐怖和痛苦袭来。

我弯着腰猛咳了几声，并摆摆手让奥列格闭嘴，然后长吁口气，渐渐稳定住情绪和呼吸。

我把那把漂亮的鲁格手枪收回来，感谢它救了我一命。这把枪是我冒着枪林弹雨，爬到一个被打死的德军上校身边搜出来的，按理应该上缴，不过这件武器太过精美，我忍不住偷偷藏了起来。奥列格知道后，曾拿出一块不知道从哪儿抢来的昂贵的郎坤（LACO）手表要跟我交换，被我一口拒绝。这是我的战利品，况且这个战利品还能救我的命，抢劫来的财物怎么可比。一个随时都可能死亡的人，收集昂贵的手表又有什么用呢？还不如换成好烟好酒及时享用。

奥列格耸耸肩，道："尤里，今天你怎么像个娘们。振作点儿，我可没工夫一直跟在后面帮你擦屁股。"

我对奥列格笑笑表示感谢："如果下次我又搞到鲁格，就送给你。"在德国本土上，上边儿对私吞战利品和抢劫平民物品基本上睁一只眼闭一只眼，甚至还允许战士每个月寄 5 公斤的包裹回苏联。要把这 5 公斤配额用完，如果不抢点儿什么还真有些困难。尽管我个人并不打算抢劫，但也觉得德国人总该为他们曾带给苏联的巨大灾难补偿补偿。

迷宫里的战斗

我和奥列格背靠着背，警觉而缓慢地向前移动。这时从隔壁书架传来搏斗的声音。第一时间赶到需要战斗的地方去，是取得城市巷战胜利的秘诀。由于巷战往往是相互独立的小型战斗，总兵力优势一方在局部未必占便宜，因此在兵力能够展开的前提下，不必等待命令，越早增援战友，越有希望取胜——只要朝着枪声最密集的地方去就是了。

高大的连长杰缅季大尉正压着一个中等个头的德军士兵在地

板上厮打。他的双手死死掐住德国人的脖子，而那个德国人的左手也卡在连长的喉咙上。显然杰缅季大尉犹如铁钳般的双手更具威力，我还没来得及上去支援，德国人扑腾了几下，就七窍出血而亡。

连长站起来，将沾满敌人腥臭的鲜血和吐沫的手在身上擦了擦，对我命令到："愣着干什么，把枪给我，快进攻。"

我哆哆嗦嗦地说："连……连长同志，您的肚子……"

厚厚的棉衣连同大尉的腹腔被划开了一条长长的口子。鲜血被棉衣吸收，并未喷射出来，但带着血丝的肠子像一团扭曲的白蛇从身体里慢慢流出来，一直垂到地上。我看到那个死去的德国人右手还握着一把锋利的匕首。在激烈的搏斗中，杰缅季大尉竟然没有意识到已身负重伤。

连长惊恐地看着已经不属于他的内脏，抓起肠子就往肚子里塞。然而由于失血过多，他终于支持不住，捧着肚子双膝跪倒，随后用悲哀的眼睛看了我们一眼后，就一头栽倒趴在地上。

我和奥列格将连长翻过来，拿出急救包试图堵住伤口。此刻连长还尚存一气。奥列格说："尤里，你出去找医护兵，我来照顾连长。"

"你也小心。"我拍拍奥列格的钢盔，提着枪就往入口处飞奔。我已经顾不上隐蔽，顾不上在转角处等待观察，恐惧早就烟消云散，我的勇气从来没有如此高涨。

我沿着窄道奔跑，不料迎面突然蹿出一人，我躲闪不及撞了上去。然而对方的身躯更为坚实，我反而被撂倒。就在晕神的时候，那人抢先抬起了武器，扣动了扳机。

我心中一紧——完了！

妈妈，我曾认为自己会有同别人不一样的人生，在战争结束后可以过上独一无二的生活。这一刻我却发现，我只是一个可悲的、自以为是的小知识分子，一粒战场上可有可无的炮灰。该来的终于来了，我一点也不吃惊，也不失望。我闭上眼睛，等待品尝子弹射入身体时的痛苦。

咔哒，咔哒。

对方的手枪似乎卡壳了。

有机会!

我一个激灵，迅速举枪反击，对方突然喊道：“别开枪，自己人！”

这时我才看清楚他袖口上的红五星，来人是连指导员米哈伊尔。我没功夫冲他咆哮，只气恼地瞪了他一眼，然后迅速扶正了头顶被撞歪的钢盔，又急匆匆地去寻找医护兵。

直到战争胜利后，当我躺在一张舒适的德国软床上等待回国时，回想起这刹那惊魂，才开始有些后悔当时没立即揍米哈伊尔一拳。如果我再见到那家伙，一定要打下他的门牙。不过政委同志没有给我“报仇”的机会，就在攻克柏林后的第二周他就失踪了。后来我才知道，作为战功卓著的一线政工干部，他被集团军抽调到莫斯科参加了6月24日的胜利大阅兵。从此我们连的战友们就再也没有米哈伊尔上尉的消息了。30年后，我们团老兵聚会，团长说他在阅兵后又被分配到了远东，于1945年8月进攻日本关东军时牺牲。好吧，这位令人尊敬的同志，还是等我向马克思报道以后再找你要门牙吧。

当我找到医护兵，带他来到总书库时，战斗已经结束了。

“连长在哪儿？”医护兵问。

我的脑袋“嗡”的一声炸响。当我离开连长和奥列格的时候，根本没有注意到书架上的编号，天知道他们在哪里。我高喊着奥列格的名字，拖着医护兵在偌大的书库里乱转。待我终于发现他们时，连长早已牺牲。

“你走后不久，连长就不行了。”奥列格安慰我道。

我一屁股坐到地上，呜呜地哭出声来。

日耳曼尼亚

剩下的这些德军尽管战斗意志顽强，可战斗技巧显然不如愈战愈勇的红军，在我们强大的攻势下，图书馆的战斗不到 2 小时就结束了。是役我们营又牺牲了 16 个同志，负伤 28 个。自从进攻柏林以来，经过半个月的战斗，光我们班就伤亡过半。对此我们本应习以为常，只是越临近胜利，大家对生的渴望就越强烈，对同袍的牺牲就越加悲切。

天已经快黑了，我们得到的命令是就地休整，待人员武器补给完毕后，第二天一早继续战斗。离“五・一国际劳动节”只剩下 2 天了。我所在的白俄罗斯第一方面军要求无论如何必须在节前拿下帝国国会大厦。朱可夫元帅的命令中甚至暗示最高苏维埃中央已经决定，第一支进入国会大厦的部队将全体授予“苏联英雄”的称号，并颁发“金星奖章”。漫长的伟大卫国战争的最后一战，此刻不仅是各级战斗部队，就连方面军主帅朱可夫元帅也正同乌克兰第一方面军司令员科涅夫元帅较劲，一定要将结束战争的荣誉抢到手。

“‘金星奖章’啊！”奥列格躺在图书馆馆长办公室的豪华沙发上，眼中透出无限憧憬的神情：“为了它，我愿意拿所有的手表来换。”

我踹了他一脚说：“得了吧，你那几块破表算什么。我愿意拿命去换。”

奥列格立马收起玩世不恭的模样，坐直了身子，严肃地说：“我也一样。我以一个共产党员的荣誉起誓。”

让大家梦寐以求的苏联“金星奖章”。

“苏联英雄”是苏维埃共和国联盟所颁发的最高荣誉称号，只有为国家做出特别重大贡献的个人或集体才有资格获此殊荣。与此对应的“金星奖章”①则是所有红军战士梦寐以求的奖励。不论你胸前佩戴了多少勋章奖章，“金星奖章”的位置永远高于其他。

“你说总攻任务会交给咱们团么？”奥列格问道。

我摇了摇头：“恐怕没那么好运气。据说第 3 突击集团军已经推进到国会大厦的正门广场前的斯普雷河了。咱们还差好几个街区呢。而且我们团有不少高加索人和车臣人，这个最高荣誉的机会不会留给他们的。”

奥列格说：“这也未必。战争嘛，什么事情都可能发生。当年我在塞瓦斯托波尔要塞坚守，以为百分百就要‘光荣’了，结

① 苏联历史上有两个人获得了创纪录的 4 枚“金星奖章”，一个是战功卓著的朱可夫元帅，另一个是喜欢给自己颁发奖章的苏联领导人勃列日涅夫。

果还是成功突围，得到了一枚‘保卫塞瓦斯托波尔奖章’。说不定明天运气好，我还能成为登上国会大厦的旗手呢！”

就在我们俩有一搭没一搭地做着白日梦时，一名中士跑进来：“尤里，到3楼去看看，给我们讲解讲解。”

我和奥列格来到3楼一个大厅中，里面摆放着一座巨大的城市石膏模型，制作非常精美。“这是什么玩意儿？”有人问我。

我看着模型的铭牌说：“这是‘日耳曼尼亚’，纳粹的‘新柏林’，他们称它为‘世界的首都’。”沙盘旁边还有一本说明手册，里面介绍说，这是由第三帝国的首席建筑师，当前的帝国军备部部长阿尔伯特·施佩尔①一手设计的杰作。所谓“日耳曼尼亚”其实是纳粹复兴柏林的总体建设规划。这里有一条宏伟的南北中轴线，宽120米，街道两边都是重要的公共建筑。我对着说明书逐条向战友们解释。

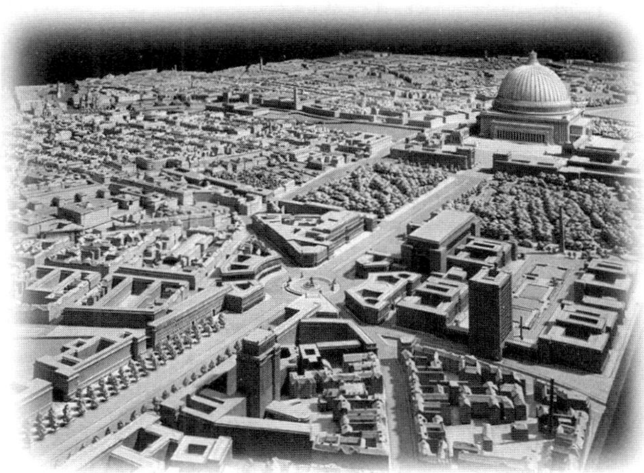

“日耳曼尼亚”建设规划模型。

① 当今德国著名建筑师小阿尔伯特·施佩尔正是这个老施佩尔的儿子。

“什么狗屁东西？”奥列格跳上沙盘上，用脚尖点着中轴线南端的一座凯旋门问。

“这是规划中的柏林凯旋门。让我看看，哟呵，比巴黎凯旋门还要高一倍呢。”

奥列格一声冷笑，抬脚就将凯旋门踩得粉碎。

“好！”战士们齐声欢呼。

“就让希特勒在废墟下‘凯旋’吧。”

奥列格沿着“大街”往上走，就像怪兽利维坦一样，所到之处，“新柏林”尽毁。

大街的中段则规划有一个能容纳100万人集会的“阿道夫·希特勒广场”。希特勒一定曾幻想过，在战争胜利后，他将在这里接受德国民众的欢呼和崇拜，享受着永恒帝国的光辉。可惜，希特勒的广场此刻正在奥列格的皮靴下化作齑粉。

大道北端是一座仿照古罗马万神庙而建的巨大拱顶建筑，这就是由希特勒亲自参与设计的“人民大厅”。说明文字显示，这个“人民大厅”能够容纳15万人，将是世界上最大的会堂。不得不说国家社会主义的政治狂人们很懂得大众心理学。宏大的带有宗教色彩的建筑往往能够泯灭群众的个性，使之在充满庄严感的氛围中陷入无意识的群体狂欢。

有人将大厅里希特勒胸像的头部敲了下来，甩给奥列格。他接过圆脑袋，像扔保龄球那样潇洒地将脑袋沿着中轴线掷向“人民大厅”。脑袋在沙盘上颠簸了几下，准确地击中了大穹顶。蓝图上雄伟的“日耳曼尼亚”顷刻间就变成了石膏碎片。

尽管“日耳曼尼亚”是城市艺术的杰作，但希特勒的千年帝国无论在沙盘上还是在现实中，终将毁灭。

盛宴

“红军战士都是钢铁的超人，他们不需要美味和舒适。”我国的宣传机构一直给我们提供这样的心理暗示。如果有人说他喜欢人造黄油和鸡蛋粉，更胜于牛油和囫囵个儿的真鸡蛋，就算不是撒谎，那也不是我所能达到的境界。上一次在铺着雪白桌布的餐桌上用餐是什么时候？是同达尼亚在涅瓦河畔的餐厅里吗？我已经回想不起来了。现在我连怎样优雅地使用刀叉恐怕也不再记得。参战以来，我们每天都啃着又干又涩的黑面包，偶尔能够吃上从美国运来的罐头午餐肉就算是不错了。

但是我从不抱怨，也没有权利抱怨。为了赢得胜利，物质上的匮乏是全体苏联人民必须忍受的代价，相较而言军队的物资供应还算好的了。红军战士确实是钢铁般的超人，但我们也喜欢美味和舒适。我们今天浴血战斗，不就是为了今后让自己和家人，以及子子孙孙们避免纳粹的蹂躏，过上和平的“美味和舒适”的共产主义生活吗？

晚餐时间到了。在巷战中，为了避免被狙击手盯上或被流弹击中，我们一般都蜷缩在残垣断壁之后，迅速吃两口面包，再配点儿圆白菜汤。如果运气好还能抽上一口香烟，喝一口伏特加，这一天的战斗生活就算完美结束。不过由于整个图书馆的防御由后续增援部队来负责，我们正好可以充分休息。所以我们连决定来一次敌前大聚餐，为第二天最后的战斗鼓舞士气。

图书馆内有一处僻静的中庭，四周建筑高大，德军攻击不到，乃是极佳的聚餐场所。唯一的危险来自我们自己的伊尔 -2 对地攻击机。在犬牙交错的战线上，苏联飞行员一不小心就会将炸弹误扔到友军阵地上。这可是有先例的，好在这毕竟是小概率事件，而且傍晚他们也不会出勤，所以我们大可安心享用一顿盛宴。

主食当然还是黑面包，但每个人都得到了双倍的午餐肉，甚至还有一小块真正的干奶酪。当政委命令战士们将这几天从市区搞到手的美味都分享出来时，菜单上又增加了甜芥白香肠、烟熏基尔鲱鱼和雷司令白葡萄酒。餐后甜点则是美国盟友提供的巧克力。我们大快朵颐之后，还架起两个汽油桶，上面各支了个大炉子分别煮咖啡和茶。更妙的是，军需官及时从后方送来了已经告罄的烟丝。每个人都心满意足地抓起一把烟丝，准备享受大餐的尾声。

“尤里，还有卷烟纸么？”奥列格问我。

“没了，我还想找你要呢！”

军需官百密一疏，竟然忘了领取烟纸了！这种失误简直不可饶恕，同没有提供子弹一样恶劣。

“《真理报》？谁还有《真理报》？”有人大声问道。

“不好意思，最新的那份被我当手纸用了。”有人回答说。

就在大家一筹莫展的时候，政委说：“傻小子们，周围到处都是书，还不够咱们卷的？弗拉季连、季米特里、涅斯托尔、谢瓦斯季扬。”

“到！”

“正好烧火的汽油也快用完了。你们去搬些书来。别弄书库的书，我看门口有几箱打包的书，搬过来得了。”

“是！”4 个人乐呵呵地跑开。

很快他们抬过来 2 口大箱子，正准备把书往汽油桶里倒。我赶忙上前拦住他们：“等等，等等，我看看有没有不该烧的。”

其中一口箱子上贴着一个德国军官的名字，打开都是些德国名著，看来他的品味还不错。另一口箱子则紧紧上着锁。大概德国人准备将这些箱子运走，但还没来得及离开柏林就被红军包围了。

我只好不辞劳苦地将康德、黑格尔、叔本华、费尔巴哈、莱布尼茨、海涅、歌德等人的著作一本本挑出来，放到地上规整好，留下一些不太熟悉的书，特别是宣扬纳粹思想的书。

“干得不错啊，图书审查员。”连政委冷冷地说。这时我才发现战友们都停止吃喝喧闹，甚至有些敌意地看着我。

“尤里，你是个不错的家伙，但就是书读得太多，太矫情。”奥列格搂着我的肩膀说：“难道同志们还比不上几本破书？胜利后，你想印几本书就印几本，但是现在，我们最重要的还是喝茶，哈哈哈。”

说着，他随手抓起几本书，当做柴火扔进了烈焰之中，书页在高温下渐渐蜷曲、发黄、变黑，为加温我们的茶和咖啡提供热量。也许奥列格是对的，我犯不着为敌人的东西瞎操心，但我还是不切实际地希望这是人类最后一次烧书了。

有人还从箱子里面翻出一本封面印有希特勒演讲照片的书，原来是《我的奋斗》[①]。“这个可以烧吧？”奥列格不无讥讽地看向我。我耸耸肩，撕下封面，卷了烟丝，美滋滋地吸起来。

“砰！”奥列格一边用枪托将另一口箱子的锁打碎，一边说：“藏得这么严实，看看里面有什么好东西，不会是德国人缴获的《花花公子》吧？”

一听到可能有美国大兵享用的色情杂志，大伙儿激动了，纷纷起哄，围上来拭目以待。

奥列格抓起一本厚厚的落满灰尘的旧书翻了翻，困惑地说：“这什么玩意儿？儿童画吗？”随手就准备往火里扔。

正叼着卷烟的我突然被什么力量指引，不顾一切地抢过旧书，力气之大，几乎将奥列格推倒。

① 《我的奋斗》是由希特勒口授，由同僚鲁道夫·赫斯执笔撰写的宣扬法西斯思想的读物。这本书系统地阐述了希特勒创建“第三帝国”的构想，全书充满了民族主义狂热和对马克思主义、犹太人的仇恨。

这才是今晚盛宴的最后大餐。不仅如此，我的人生和一个远在地球另一面的文明历史也将彻底改变。

给导师的一封信

尊敬的格里高利教授：

难以想象，我正坐在阔别已久的研习室，伏在宽大的书桌上，就着手电筒的灯光给您写信。我多么怀念在莫斯科大学无忧无虑的时光啊！如果没有战争，我现在应该可以攻读副博士学位了吧？万幸，战争很快就会结束了，不是明年，不是下个月，而是下周甚至明天。我所在的柏林国家图书馆离纳粹德国的国会大厦直线距离不超过 1 公里。从莫斯科到柏林，数千公里征程，耗费了 4 年光阴，这最后 1 公里就是我的毕业课题，就是胜利的距离。

您放心，我一定会活着回到祖国，继续我的古代文字研究。我享受过和平的安逸，也经历了战争的惨烈，再回想曾经读过的故纸，越发觉得所谓战争与和平只是历史的正常交替而已，在人类历史的大尺度上看，我眼前的一切仅仅是过眼云烟。这一次世界大战在 500 年后，不，也许 100 年后的历史学家看来，同以往的战争恐怕没什么区别吧。

您别担心，我并不想否认这场战争的意义。恰恰相反，这场战争对所有红军战士而言意味着保卫祖国和为亲人复仇，这就是战争的神圣意义，这就是神圣的战争。可它对我而言也许更丰富。冥冥中似有天意，我今晚从火中抢救出了一卷古书的抄本。

乍一看我还以为是古人的绘画，里面的人物或坐或蹲，表情狰狞，还有很多杀戮的场景。较大的图画旁边还有很多方块状的小插画。但仔细观察，小方块插画的结构井然有序，还有相似的小构件在不同插画中重复。画面中有很多奇怪的人物和动物头像，有些构件看起来像庙宇或人身体的部位。这些个排列整齐的方块笔画繁复，细节丰富，结构复杂。整个画面透着一股子诡异的邪气。

我照着卷本临摹了几幅小图。我想您一定看出来了，这应该根本不是图画，而是一种文字。我现在还难以判断这是象形文还是表音文字，或许语音语义兼而有之，就好像中国汉字和苏美尔文一样。

其实这本书是抄本的抄本，完整复制了被称之为《德累斯顿古抄本》、《巴黎古抄本》和《马德里古抄本》的 3 本古书，并对这些古抄本的发现、整理、破解做了说明。这些古抄本来自哥伦布之前的美洲大陆，是神秘的玛雅文明的著作[①]。

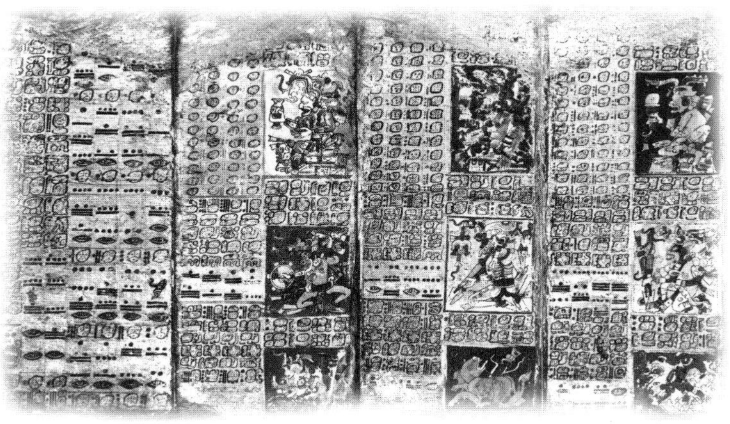

教授您看，这就是我从火里抢救出的古书的抄本。

① 现在全世界仅有 4 本玛雅文字古抄本。除了文中所述的 3 本分别在 18、19 世纪发现的之外，最后一本《格洛利亚古抄本》于 20 世纪 70 年代在中美洲的一个山洞中发现。就根据这几本书，加上玛雅遗迹中的石碑刻字和一本西班牙传教士在 16 世纪写的一部报告，古文字学家们破译了号称“天书”的玛雅文字。

我必须承认，我完全看不懂这些奇妙的文字。它们同我已知的古埃及文、苏美尔文完全不一样，尽管前人做了一些研究，但离破解还差得远。书上说有些学者甚至认为这都是玛雅祭司发明的无意义的图案，是无法破解的。

既然上天让我得到了此书，也许就是给我机会完成不可能完成的任务。请原谅上面的话写得很唯心，但我相信所有文字，只要是被人创造的，就一定能被人破译出来。以前人们不是都认为古埃及象形文也是不可能破译的么？但商博良[①]恰恰能够抛弃传统的解释从而一举成功。

有时我觉得历史真是由巧合构成的。商博良当年正是根据拿破仑的远征军从埃及带回来的“罗塞塔”石碑而破译出埃及象形文。现在同样因为战争，我得到了玛雅古抄本。战争是大破坏，但也有可能带来文化交流。我不会放弃这个千载难逢的机会，我一定会将抄本安全妥善地带回莫斯科大学以供研究。当然我不会将抄本随身携带的。天知道我在明天的战斗中会不会牺牲。我今晚就会将其打包邮回大学。

为国家的战争之门即将关闭，也许一扇崭新的学术大门正向我开启。

您的学生尤里·科诺罗佐夫

1945 年 4 月 29 日晚于柏林

又及：教授，今天我亲手杀了一个德国人，也目睹了十来个战友的阵亡。照理说这是家常便饭的事情，但不知怎的我很难过，不论是敌是友，谁愿意在战争的尾声，在即将与亲人重逢之际阵亡呢？但是我一点也不后悔，为了神圣的胜利，总得有人做出牺牲，

① 商博良为法国历史学家、语言学家，是第一位识破古埃及象形文字结构并破译“罗塞塔”石碑的学者，被誉为“古埃及学”的创始人。

这是所有战士的宿命。不论如何，杀人终究是罪孽。我所做的是错的，但我这么做却没错。站在历史长河中评判，也许我们在用暴虐的手段取得正义的结果，这有损于我所追求的高尚道德吗？

我不能向战友们倾诉苦恼，在他们看来这就是无病呻吟。可是我的道德却逼迫我拷问自己。也许就同马雅可夫斯基一样，我只不过是朵“穿裤子的云”罢了。飘渺如云的灵魂永远敌不过坚如钢铁的暴力。马雅可夫斯基写下这首诗时，正好同我现在一样也是22岁。我同他一样，也有激情和梦想；不同的是我不会像他那样自杀，也不会无谓地死去。战争磨练了我的灵魂。我不会在战争中寝食难安或在战后唉声叹气，不，我已经迫不及待地等待战争结束去继续我的研究。这就是这场战争宏伟意义之下，对我这个微不足道的个人的启发。

红场大阅兵

“哈！”思想游离之时，一个人突然在背后大喝一声。

我不假思索地将手电筒扔向声音传来的方向，同时滚下板凳，就地扑到桌角后，抽出身上的刺刀向上方猛刺去。

“真见鬼！”奥列格护着眼睛吼叫道：“你对付自己人倒是舍得下狠手。”

还好刺了一个空。

我踹了他一脚骂道：“伙计，别这么虎了吧唧的。打死你了我也得上军事法庭。”

奥列格大概也觉得玩笑开过头了，不好意思地捡起手电筒递给我：“大家都在喝酒跳舞，等你给我们拉手风琴呢。整天就看见你写信，也从没见到有回信，有什么意思？”

“关你什么事。”我没有好气地顶回去，叠起信纸放入上衣口袋，然后一起回到方才聚餐的中庭。

我刚坐定，就有人将手风琴塞进我怀里。

“跳吧，同志们，一起跳起来吧！”米哈伊尔政委带头跳起了卡林卡舞。

从《再见斯洛维安卡》，到《我们是红色战士》，再到《喀秋莎》……我们跳了一首又一首。图书馆外，柏林市区里还不断传来炮声，一些建筑物上燃烧的火光将天空染成诡谲的血红色，不时还有楼房轰然坍塌。战友们丝毫不以为意，热情地围着以书为柴的汽油桶篝火载歌载舞。既然生命如此无常，还不如抓紧每个机会及时行乐。

终于，大伙儿跳累了，纷纷解开行囊就地休息。照例大家睡前要卧谈一番。很多人开始憧憬和平后的美好生活了。

“我要吃成一个大胖子。”瘦小的涅斯托尔说。

“我要变成近视眼。”狙击手弗拉季连说。

“我要跟老婆生八个娃娃。”还没成年的季米特里说。

“我要进大学读书。”目不识丁的谢瓦斯季扬说。

“我要留在德国继续惩罚他们。”奥列格说。

交谈陷入了冷场，大家都在回味，我甚至感到一阵凉意，不自觉地裹紧了毯子。他这句恶狠狠的话包含了多少愤怒和仇恨啊！

“尤里，你呢？”政委打破沉默问。

“我要去危地马拉。”我嘀咕道。

“啥？危地马拉？那是什么鬼地方？”有人问。

“在美洲，那儿有玛雅。”

“玛雅又是什么东西？得了书呆子，闭嘴先睡吧。”

战友们爆发出一阵善意的嘲笑，我也在笑声中感觉神智渐渐迷糊起来。

“尤里·瓦连京诺维奇·科诺罗佐夫同志，我代表 316 步兵师潘菲洛夫少将授予你这支步枪，你要发誓用这支枪，用生命保卫莫斯科，保卫苏联。决不让德国法西斯踏入莫斯科一步。”我的第一任连指导员瓦西里·格奥尔吉耶维奇·克洛奇科夫中尉庄重地向我宣布。

这是在哪儿？莫斯科？德国人即将进入市区了？

同样是炮声，同样是路障，同样是坚守，同样是绝望，不同的仅仅是攻守互换。1945 年胜利的红军在 1941 年的那个冬季却是德军牢笼下的困兽。还是在校大学生的我也被紧急征召，匆匆忙忙训练了几天就正式编入这个新组建的316步兵师,即将奔赴前线。

“我宣誓，誓死保卫祖国。”我挺起胸膛大声回应。其实我当时一点儿胜利的信心也没有,只是表演出来的。我真为自己羞愧。

克洛奇科夫中尉走向下一位战士。虽然我清楚地记得这位日后的“苏联英雄”的名字，可对他的面容却毫无印象。我努力地回忆他的样子，越努力反而越模糊。我想告诉他，我们马上就要最后胜利了，我们所有人的牺牲都是有意义的。可是中尉并没有听见我的预言，继续勉励着下一名士兵。我向左右看去，这些昔日战友的面庞都成了融化的蜡像，蜡汁滴淌到地面上，脸颊成了光滑的平面。他们在参战后的第一个月就全部阵亡了。授枪完毕后，克洛奇科夫中尉站在队伍前面说：“同志们，伟大的十月革命 24 周年即将到来。最高统帅部决定照例在红场举行阅兵式。”

队伍里发出一阵骚动。有传言说斯大林同志和苏共中央将撤离莫斯科，迁往古比雪夫，以逃避德军的锋芒。

指导员示意大家安静下来，又说：“党中央、最高统帅部和斯大林同志将同我们一起坚守在莫斯科。我要求你们，11 月 7 日拿出最好的状态，发扬红军在国内战争时期的光荣传统，向全世界证明，伟大的红军不可战胜。”

1941 年 11 月 7 日，狂风呼啸，天气寒冷，天空飘起了雪花，红场的地面还没来得及清扫，就铺上了一层厚厚的白雪。虽然当天的天气不适合阅兵，但更不利于敌人空袭。因此尽管以往莫斯科在白天时空袭警报声不断，这天却特别安静。但是克里姆林宫和红场周边设置的高射炮和机枪都保持着高度警戒，准备随时迎击可能来袭的德国轰炸机。整个红场一片肃穆，上万受阅指战员全副武装，保持立正姿势一动不动，静静等待领袖们的检阅。

当天受阅的部队看来成分复杂，除了我们这样新组建的菜鸟步兵师外，还有精锐的近卫部队，但是更多的是衣着邋遢、满脸尘灰的队伍，他们大概是增援部队，刚下火车就直接送到红场列队了。受阅部队中甚至还有穿着平民服装，仅在胳膊上套上标识袖套，拿着各种型号步枪的民兵队伍。俄罗斯母亲真正到了最危急的时刻。

我曾偷偷问克洛奇科夫政治指导员，万一守不住莫斯科怎么办？指导员说：“如果真守不住了，我们也会死在莫斯科的西方。不过俄罗斯仍然存在。就算拿破仑当年占领了莫斯科，还不是一样被击败，更何况希特勒这个混蛋呢？”

4 年过后，我终于知道，坚持就会创造奇迹，信仰才能赢得胜利。可是在被失败阴云笼罩的战争初期，能够认清这一点的人并不多。这时，我看到我们的领导人同志们鱼贯登上列宁墓上的主席台。斯大林同志的声音从扩音器中传来：

“红军和红海军战士们，指挥官和政治工作人员，男工和女工，集体农庄男女庄员，智力劳动者们，在敌人后方，暂时陷在强盗压迫下的兄弟姐妹们！我们那些破坏德寇后方的光荣的游击队男女队员们！我代表苏维埃政府和我们布尔什维克党向你们致敬，并庆祝伟大的十月社会主义革命 24 周年。

“同志们！今天是我们在严重条件下来庆祝十月革命 24 周年。德寇背信弃义的进攻，及其强迫我们进行的战争，造成了威胁我国的危险。我们暂时失去了一些区域，敌人已经进犯到列宁格勒和莫斯科的门前。敌人指望在第一次打击之后，就让我们国家立即屈膝投降。可是，敌人大大的失算了。我们的陆军和海军虽然遭到暂时的失利，但还是在全部战线上英勇地击退着敌人的攻击，给敌人以严重损失。并且我们的国家，我们全国组成了统一的战斗阵营，以便我们陆军和海军一起粉碎德国侵略者……

“我们能够并且一定会战胜德国侵略者，这需要怀疑吗？敌人并不像某些惊慌失措的知识分子所形容的那样厉害，并不像人们所描述的那样可怕……

“全世界都望着你们，认定你们是能够消灭德国侵略者匪军的力量。陷在德国侵略者枷锁下被奴役的欧洲各国人民都指望着你们，认定你们是他们的解放者。伟大的解放使命落到你们的肩上。要不愧为这个使命的承担者啊！你们所进行的战争是解放的战争，正义的战争。让我们的伟大祖先亚历山大·涅夫斯基、季米特里·顿斯科伊、库兹马·米宁、季米特里·波札尔斯基、亚历山大·苏沃洛夫、米哈伊尔·库图佐夫的英姿，在这次战争中鼓舞着你们吧！让伟大列宁的胜利旗帜指引着你们吧！……

“我们光荣的祖国万岁！我们祖国的自由和独立万岁！”

“乌——拉！乌——拉！乌——拉！”红场上响起震耳欲聋的欢呼声。刹那间我感觉信心充溢着胸膛，一股卫国赴死的豪情涌上心头。去他妈的象形文，去他妈的埃及学，没有俄罗斯，就没有我的一切。哪怕我的生命只能够拖延向莫斯科前进的德国人一秒钟，我也无怨无悔。

分列式开始了。

克洛奇科夫中尉命令道：“检查枪械，关闭保险，防止走火。”我再次查验了步枪和武器袋，确认一切正常。中尉紧接着命令：“全体立正，向左转，枪上肩，齐步走。”

1941年，莫斯科红场浩浩荡荡的大阅兵。

前面的队伍将雪踩得严严实实，向溜冰场一样滑不溜秋。我刚一起步就差点摔倒，还好指导员走在方阵的前面，没有发现我的窘样。“冷静，冷静，不能给红军丢脸。”我心里默念，然后绷紧了浑身肌肉，高高扬起下巴，带着俄罗斯军人特有的骄傲表情通过了主席台。

“立定，全体上车。”通过红场后，指导员下令解散队列。不待阅兵结束，我们就得离开莫斯科，奔赴前线。我们很多人都是第一次上战场，不紧张是不可能的。我在车厢里抑制不住地双腿颤抖、浑身冒汗。汗滴渐渐冷却成冰凉的液体，贴在内衣上十分难受。为了避开弹坑和路障，汽车大幅度地弯曲行驶，将我们颠了个七荤八素。我浑浑噩噩地在车内东倒西歪，最后竟然也失去了时间和空间的感觉。

“起来，马上进入战斗。”

我眯着眼，看到连政委正在空地上发布命令。

“德国人要进来了吗？”我问身边的人。

“你糊涂了！是我们要进去。”原来是奥列格，政委也从克洛奇科夫变成了米哈伊尔。

唉，如果这4年真的像这场梦一样，瞬间流逝过去就好了。

毁灭之路

“同志们，第3突击集团军和近卫第8集团军已经先到国会大厦的台阶下了，动作再不快点儿，咱们就只能排队进去参观啦。”米哈伊尔刚刚接到最新的战报，大声向我们宣读。

如果说柏林是德意志第三帝国的心脏，那么第9防区就是柏林的心脏。这个防区以北面的施普雷河和南面的兰德维尔运河为界，里面全部是纳粹德国的中枢机构，包括国会大厦、帝国办公厅、帝国总理府、国防部、空军部、海军部、盖世太保总部等。纳粹的恶魔们就曾在这个长不到10公里，宽仅仅2.5公里的小小区域内下达灭绝人性的指令。万幸他们不会再有那样的机会了。除此之外，还有许多象征帝国荣誉和面子的建筑：勃兰登堡门、胜利纪念碑、大剧院、图书馆等。

从4月27日开始，白俄罗斯第1方面军共有5个强大的集团军群，近50万人围攻第9防区：

南面是崔可夫上将的近卫第8集团军；

北边是库兹涅佐夫上将的突击第3集团军；

西边是波格丹诺夫元帅的近卫坦克第2集团军和佩尔霍罗维奇少将的第47集团军；

而我所属的别尔扎林上将的突击第5集团军则从东北方向强渡施普雷河向西突进。

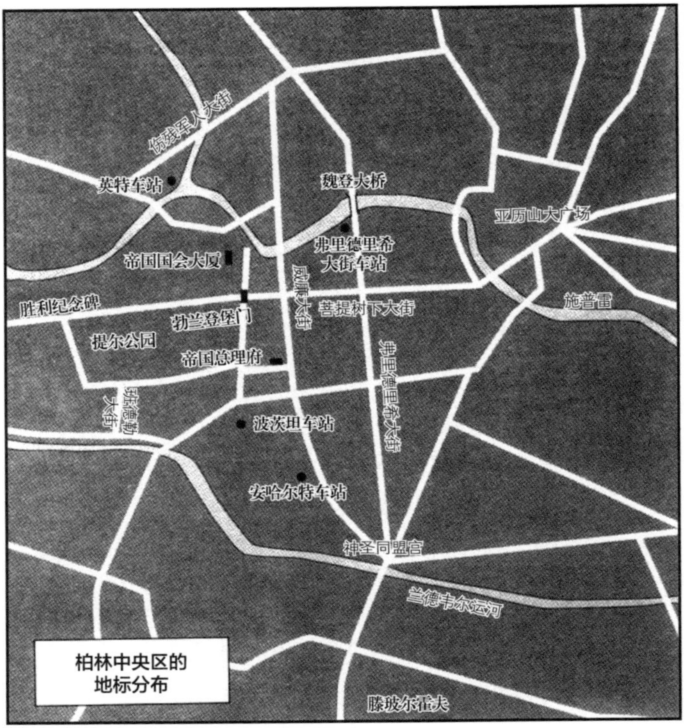

柏林中央区有许多纳粹德国的中枢机构和标志性建筑。

仅仅不到 3 天时间，第 9 防区的防御就土崩瓦解，各主要防御阵地均被切断，不成体系。给予敌人最后一击的时刻到了。我们所有人都在摩拳擦掌，期望能够获得攻占国会大厦的殊荣，不过我们一出柏林图书馆，就发现愿望远非如想象的那样容易达成。在图书馆和国会大厦之间，鳞次栉比的楼房仍然是最危险的陷阱。走在宽阔的菩提树下大街上，正好是德军的活靶子。眼睁睁看着近在咫尺的国会大厦大圆顶，我们就是冲不过去。无奈之下我们只好按老法子，避开大道，从后街逐屋推进。而此刻第 3 集团军的弟兄们已经占领了国会大厦对面的克罗尔歌剧院，开始从国王广场冲锋，对国会大厦进行火力侦察了。

激战到午后，侦察兵发现前方有一大群人站在路边一动不动，一梭子打过去也不躲避。但这个时刻总不会有人在街上散步吧？等我们走近了，才发现路边的每一根路灯杆和电线杆上都吊着一具德国人的尸体，有穿军装的，也有平民。他们的双手被后捆，脖子上还垂着标语，其中一块上写着："无论谁参加战斗都可能会死。背叛祖国者一定要死！我们不得不牺牲！"

奥列格咂咂嘴："这是表演什么，晒鱼干么？"

我说："逃兵。看尸体的腐坏程度，大概就是昨天被处决的。"

再往前走几十米，估计竖杆不够用了，德军行刑队直接给每个逃兵的后脑勺上来了一枪，尸体横七竖八堆在地上，大部分都是老人和少年。

在最困难的1941至1943年，红军也曾经有过由内务部队组成的督战队。他们专门负责收抓从战场上逃离的官兵。逃兵们大部分又被重新送回前线，也有些人被当场枪毙，以儆效尤。我理解任何一支军队都必须建立严苛的纪律，然而在注定要彻底失败的时候，纳粹行刑队何苦还要逼迫那些本不应该出现在战场上的老老少少。为了信仰和胜利而坚持战斗直至牺牲是崇高的，可毫无意义的困兽犹斗则是疯狂可耻的。也许对死硬纳粹而言，如果不能统治全世界，就宁可让全德国人民跟着法西斯一起陪葬。

上面下达了加速前进的命令。我连作为先锋，来不及将每个房间都清理一遍，只能贴着沿街的楼房墙壁移动。一旦发现有门洞或地下室的通风口，就扔几颗手雷，而后继续前进，让后面的喷火兵再补一把火。当然我知道这些地下室里既可能空无一人，更可能挤满了平民，但我们不能冒着后背吃枪子儿的风险放过任何一个可能藏匿敌人的地方。

许多年过去后，总有年轻人在我耳边鼓噪，苛责当年红军如何滥杀平民。也许他们说得没错，但从没有上过战场的人却站在道德制高点上对浴血奋战的勇士们指手画脚，未免有些太天真了。战场不是能容许仁慈的地方。

几发冷枪打在我身边的墙壁上，子弹反弹击中了一名战士的手臂，还好没有大碍。由于后街狭窄，坦克开不进来，于是奥列格调来一挺重机枪，朝着来袭的窗口开火。不一会儿，窗口里就伸出一面红十字旗挥舞着求饶。

奥列格没有丝毫犹豫，命令机枪手继续射击。红军只要白旗，除非他们把那个红十字抠下来，否则我们不会停止攻击。又过了一会儿，一副白床单悬在窗边，还扔出来了 2 支步枪和 1 支手枪。

“上，小心点儿。”奥列格一挥手，我们排鱼贯冲进那幢建筑。

这是一家小型牙医诊所，不大的诊室内挤满了人。一名护士正在给被碎玻璃扎伤的妇女包扎。3 名受轻伤的德军被这群妇孺缴了械，每名都被平民单独围起来。

“他们都是没有武器的伤兵，你们不能枪毙他们。”医生鼓起勇气，站出来说。

不用翻译，奥列格也懂他的意思。于是他命令这 3 名德军出来，让红军战士押送到后方去。

其中 2 名士兵早已失去了锐气，耷拉着头漠然出列，任由我们搜身。由于已经处于纳粹的核心地带，德国的高官们很有可能会穿上不起眼的制服，伪装成普通士兵，幻想逃过最后的审判。因此严格检查每一个俘虏是必须的工作。

另一名是个军官，轮到搜查他时，他则满脸怒气地盯着我们，一点儿也不配合。我和奥列格对视点点头，将指头放在扳机上，就等这个自寻死路的德国人往枪口上撞。

“德意志万岁！”他高喊一声，竟一跃从窗口跳出。

“有骨气，就是有点蠢。”奥列格说着，探出头，确认这个德国人已经一命呜呼。

我道："也许是他太骄傲了。"他看起来像个老派的普鲁士军官团里的家伙。他也许并不像纳粹或党卫军那样罪大恶极，但作为一个高傲的容克贵族，被我们这些他们从来都看不入眼的苏联红军俘虏并羞辱，还不如一死了之。

其实几乎就在同时，希特勒也在不远处的帝国总理府地下室中自杀身亡。只是当时我们还不知道。现在回想起来，如果我们放弃国会大厦的既定目标，而是向西南稍稍走 1 公里，说不定就能活捉希特勒。一想到错过了这个大好机会，战友们都大呼遗憾。

前进，继续前进。

每接近一小步，都会有战友从身旁倒下。但是没有人在意此时巨大的牺牲。为了最后的胜利，任何代价都是值得的。

可当我们历尽千辛万苦，终于来到德国国会大厦近前时，发现这幢标志性建筑早已被第 3 突击集团军围得水泄不通。天色已是漆黑一片，但友军丝毫没有减缓攻击强度。据说他们准备了 10 面红旗并一一编号。现在与其说是同德国人作战，不如说是同自己人较劲——比赛谁先插上红旗。这样看来，已经没咱们第 5 突击集团军的戏了。尽管有些不服气，但大家还是遵照命令就地休息。

向着德国国会大厦冲锋！

“同志们，起来吧。五一节快乐！”

当我在晨曦中苏醒过来，透过薄烟遥看国会大厦时，上面已经飘扬着一面鲜红的苏联国旗。

国会大厦的顶楼，已经被第3t突击集团军的同志们插上了红旗。

给达尼亚的一封信

亲爱的达尼亚：

到目前为止，我还活着，身体也很健康。虽然红旗已经插在了柏林国会大厦的圆顶上，但战斗还在继续。该死的法西斯还在负隅顽抗。不过我想这一切很快就会结束的。也许就在这几天之内吧，我们就能真正以胜利者的身份穿过勃兰登堡门，就像当年纳粹军队穿越巴黎凯旋门一样。只不过这一次我们得到的是全面和永久的胜利。

当然，我会很小心的。我想既然能够挺过4年，我不会这么倒霉在最后几天阵亡吧！

……

终于有机会继续这封信了。

真是像做梦一样，仅仅相隔一天，柏林就正式投降。现在是5月2日下午5点，我身边到处都是欢呼的人群。认识的或不认识的；俄罗斯人或鞑靼人；步兵或坦克兵；男兵或女战士，大家都在不停地拥抱接吻，刚才我就躲闪不及，被一个哥萨克人抱起来嘴对嘴亲了个够。天空中再也没有战斗机，而是无数高高抛起的军帽和钢盔。人们在歌唱、在跳舞、在酗酒、在朝天鸣枪。我现在说不出地激动，但也有一丝若有若无的惆怅：就这么结束了？我已经完全融入到军队之中，如果离开它开始新的生活，我还能够适应吗？这4年是我人生中最有意义的时期。我不是大人物，但我投身到了伟大的事业之中，这同样赋予我的微小贡献以伟大的意义。这是一种无与伦比的满足感。就像普希金在诗中所写：

在青春年华我就是自由的忠诚战士，

谁要是没有亲眼目睹沙场的死神，

他就不会亲身体味到极度的欢畅，

他也不配收到可爱的女性的亲吻。

算了，不说这些了。和平再怎么枯燥无聊，也比腥风血雨的战争好上千百倍。只有真正体验到战争的人，才能品味到和平的可贵。

德国人从今天早上就开始用广播一遍遍播放投降命令，用的是柏林城防司令魏德林上将的名义。我真好奇那个播音员如何能够将一纸投降命令念得铿锵热情，好像他们不是失败者反而是胜利者一样。看来戈培尔的宣传机器到现在还在运转。至于万恶的希特勒，有传言说他已经自杀了，也不知道真假。如果他真的死了，就太便宜他了。有人说戈培尔夫妇也自杀了，还连同他们的5个孩子。如果必须拿无辜的儿童作为战争的祭品，我希望这是人类最后一次。

现在整个柏林简直是白色的海洋，到处都是白床单、白桌布、白衬衣和白窗帘。德国士兵们从我的面前一个个地通过，将枪械堆在地上都成了一座小山。在欢庆的气氛中，我已经不仇恨他们了，只剩下鄙夷。他们号称历史上最强大的军队，可在伟大的苏联红军的利剑之下，照样灰飞烟灭。虽然现在只是柏林投降，但我想距离整个纳粹德国投降也可以用天为单位来倒计时了。

我曾经整天唠叨着勃兰登堡门和国会大厦，刚才终于去参观了一番。以一个征服者的身份来游览受降的城市，这个感觉真是好极了。所有饱受战争创伤的莫斯科、斯大林格勒和列宁格勒的市民们都应该来这里看看，抚平心理上的伤痛。

勃兰登堡门下面成了交通要道，已经有柏林市民被组织起来清扫路上的瓦砾和街头的德军尸体。还有几个美军和英军观察员在勃兰登堡门下摄影留念。当我用英语向他们庆祝胜利后，我们还友好地互换了美国可口可乐和俄国格瓦斯。

勃兰登堡门已经被攻陷，人们相互庆祝着胜利。

勃兰登堡门可以说是德意志的精神象征。这座仿雅典卫城城门的宏伟建筑就是德国的凯旋门。在此门的中央正上方，还坐落有一座长着双翅的胜利女神雕塑。她手持装饰有月桂花环、铁十字和鹰鹫的权杖，驾驶四马战车指引德国走向辉煌。可惜这只是普鲁士时代的辉煌，现在美丽的胜利女神身上插满了红旗，匍匐在势不可挡的红色巨浪之下喘息。

其实从 1933 年的“国会纵火案”后，柏林国会大厦里再也没有举行过任何议会会议。也许红军并不是真的认为国会大厦有多么重要的战略地位，只是我们需要一个标识、一个符号来证明柏林的陷落。这对敌人心理上的打击远远强过炮火对肉体的摧残。而事实也正是如此。就在攻克国会大厦的第二天，德国守军就放弃了抵抗。呵，更正一下，现在还不是全部，目前还有很少一部分德军违抗命令坚决不投降。不过这些散兵游勇只是最后的疯狂罢了，我们很快就能清扫他们。既然这些顽固分子愿意为纳粹陪葬，红军自然要大方地没收他们的生命，成全他们的最后愿望。

很遗憾，我没能参加对国会大厦的最后进攻，也没有在花岗岩墙壁上留下密集的弹孔，不过红军战士们发明了新的留念方式：

战士们在柏林国会大厦内留下了密集的签名。

“到此一游”的集体签名。当我进入国会大厦宏伟的中央大厅时，发现无论墙壁、雕塑、立柱、楼梯栏杆，甚至神龛、天花板上都刻满了战士们的大名。我也欣然留下了“尤里·科诺罗佐夫”的漂亮书法，还自作主张地将你的名字也刻在旁边。当然我也没有忘记为前两天牺牲的雅科夫和杰缅季连长签名。能够在敌国最神圣的地方留下我的涂鸦，就凭这一点也值得奋斗4年。

对了，今天在国会大厦，我还见到了几个大人物。就在我认真书写的时候，大厅里进来一群人，他们肩头上的星星多到我几乎数不清。他们都是我们白俄罗斯第一方面军的大员们。有朱可夫元帅、别尔扎林上将、近卫第8集团军司令员崔可夫上将、成功夺取国会大厦的突击第3集团军司令员库兹涅佐夫上将，还有一大堆我叫不出名字的军长、师长们。

崔可夫上将是当年保卫斯大林格勒的英雄。在九死一生的城市巷战中，他一步也没有离开过前线；现在他反客为主，从斯大林格勒的成功防御者成为柏林的胜利征服者，这一定使他感慨万千吧。我听说，当年在斯大林格勒，二十几名红军坚守著名的巴甫洛夫大楼近2个月。而现在，党卫军1000多人守卫国会大厦，不到2天就失守。真是世易时移，党卫军也不过是强弩之末，照样被红军打败。

崔可夫上将看来兴致很好。他笑着对勤务兵说了什么，很快就有人拿来笔，给将军们人手一支。朱可夫元帅咧嘴一笑，率先留下了墨宝。达尼亚，现在我们的名字也同这些伟大的将军们并列在一起了。也许几百年后，这些名字还留在这里，见证我们永恒的胜利呢！

爱你的尤里

1945年5月2日于柏林

柏林之夜

这家德国老小正哆哆嗦嗦地站在我和奥列格面前。其中唯一的一个男人已经六十多岁，瘸了一条腿；剩下3个女人则是祖孙三代，年轻的少女和中年妇女躲在老年妇女后面，将头埋得低低的。

“你们家的男人呢？”奥列格问。

“我们不知道，大概都死了吧。上一次接到我儿子的信还是在去年。至于我的孙子，半个月前已经被征召到青年团里去了，现在也没有回来……”老人摸摸眼角，继续说：“我在马恩河就被英国人打断了腿，所以……同志，我有什么可以效劳的？”

奥列格等我翻译完毕后，恶狠狠地说：“谁是你的同志？”

老头犹豫着从口袋里掏出一本证件。我接过来一看，居然是1918年的德国共产党党员证，上面还有卡尔·李卜克内西的签章。他的党龄竟然比奥列格还久。我耸耸肩，将党员证递给奥列格。老人敢将证件在纳粹的集权统治下偷偷保留至今，已经算很大胆了。不过他和他的家人又做了什么反法西斯的贡献吗？没有！苏德战争早已超越了阶级斗争，是两个民族的殊死搏斗。

奥列格叹了口气，态度缓和了些：“你们有几间房？”

“3间。”

“很好，红军征用了。女孩的房间归你和涅斯托尔，主卧室归我和1排排长。”奥列格对我说：“告诉老头儿，让他们就挤到最后一间吧。”奥列格将枪在老人面前虚晃了一下，把背包扔到餐桌上，径直迈进客厅，坐进了舒适的沙发里。

我把奥列格的安排翻译给这个可怜的一战老兵和前德共党员，他缩着身体站在旁边不知所措。

我说：“别担心，我们只是临时征用一下。柏林的秩序很快就能恢复。我们不会待太久的。我们会给你们吃的。你看，有面包、黄油和香烟。”我刚刚将这些食物倒在餐桌上，老妇人立即从旁边冲出来，飞快地将食物揽入怀中，然后一溜烟跑出客厅。

我微微一笑，指着年轻的女孩说：“你进去把房间清理一下，我要休息了。”

刚刚消失的老妇人猛地又折回来，死死抱着少女，惊恐地望着我，不住地流泪。

世界上有两种人最憋屈，一种是干了很多惊天动地的坏事却不得不藏着掖着，还有一种是明明是个老好人却被人当做坏人防着。我生气地说：“我们是光荣的近卫军，懂吗，近卫军。跟在后面的那些都是红军的三流部队。有我在，你们就是安全的。”

由于战争中的消耗太大，为弥补兵员不足，红军里面掺了不少沙子，有些人还是监狱里正在服刑的罪犯。这些人一进入德国境内就对妇女干了最不齿的事情。精锐的野战军往往在一线攻坚，而这些低素质的部队只负责维持占领区的治安，但这恰恰给了那些杂碎机会。

我并不反对复仇，但是复仇也是有底线和原则的，否则跟野兽也就没什么区别了。抢点儿东西、揍几下战俘也就算了，强奸妇女算什么东西！

这时一个传令兵过来，通知奥列格到团部去开会。奥列格临走时说：“尤里，等我回来吃晚饭。告诉老头儿，家里有手表就拿出来，省得我去搜。”

我叹口气，对老人说：“他不会对你们怎样，就是太喜欢手表了。如果你把家里的手表都给他，他还会给你们留些食物。”老人唯唯诺诺地应了。

我又仔细地盘问了这个家中是否存有枪支。

“除了制式武器，气枪、猎枪都要上缴，如果搜出来了就要立即枪毙。你们确定没有？”

其实我不太愿意用这样强硬的态度去面对平民。但前段时间曾发生过平民用隐藏的枪械在红军背后打黑枪的事件，对此，我们不得不小心谨慎。

确认完情况后，我才让女孩领我去房间。

女孩房里的床是上下铺结构，墙壁上贴着细碎花墙纸。很明显，墙面上留有很多宣传海报的痕迹，现在都被撕去了。但我还是在门背后发现了一张帅气小伙子的张贴画——德国空军的王牌飞行员埃里希·哈特曼，他一定是很多德国少女的梦中情人吧。

女孩一把将张贴画扯下来，撕成两半，抵着头说："对不起，对不起，我没有注意。"对于害怕被伤害的人而言，恭谦也许是最好的自我保护手段。

我慢慢观察房间里面的陈设，木质书桌上还陈列了一些这家人的肖像。我拿起其中一张长满雀斑的男孩的照片仔细端详，这应该就是那个加入了青年团的孩子。女孩儿只说；"这是我弟弟。他功课很好，是个很听话的孩子。"照片上的人物似曾相识，我将它倒扣着放回书桌上，不忍再看。

当晚，奥列格没有回来吃晚餐，整个晚上也没有回来。直到第二天中午用餐时，有人告诉我们，他已经牺牲了。

就在从团部回来的路上，他被隐藏在废墟里的顽抗德军击中了头部，直到第二天早上才被巡逻队发现。

我呆坐了一会儿，霎地将餐盘掀翻，抽出冲锋枪对着天花板和墙壁一阵猛射，直到射光了弹鼓才停手。这个蠢货，他不是发誓要回到明斯克找到失散的妻子和孩子吗？他怎么可以死得这样窝囊呢？他为什么就不能在最后一天保持应有的警惕呢？

奥列格终于没能活着回到故乡，而是被埋葬在特列普托夫苏军公墓，永远留在了柏林。

鉴于我的愤怒，这家德国人都知趣地躲得远远的，直到晚餐时间才出来伺候我们吃晚饭。半夜，我翻来覆去难以入睡，于是取出一叠信件来到阳台，划了一根火柴，一页一页地烧那些信。当我烧到一半的时候，大概惊动了房东，他走过来，在旁边默默观察了一会儿，最后似乎忍不住了，问："您为什么要烧家信呢？"

"这不是我收到的信——如果有的话，一定是我一生的宝物。可这些只不过是我这两年来自己写的，寄不出去的信。"

"不能寄出去吗？"

"我还有什么理由寄出去呢？这些信件的收件人，他们都死了。"我幽幽地抽出一封信说；"这是给我妈妈的。她在 1942 年因帮助抵抗组织，被你们的盖世太保枪决了。"

"……"

"这是给我导师的信。他在莫斯科战役中帮助红军挖防坦克战壕，被你们的俯冲轰炸机投弹炸死了。"

"……"

"这是给我的女朋友的信。她……"我哽咽着说："战争爆发时她在列宁格勒实习，结果饿死在里面。"

老头儿不知道该说什么好，只是一个劲地说对不起。

"也请你原谅中午我打坏了你的房子。战争期间，两个民族彼此伤害，我也认了，战争结束，我对你们的仇恨就像这纸灰一样，也都过去了。"

我递给老头一支烟，自己也点燃一支。我们默默地坐在阳台上。

既没有火光也没有枪声，柏林之夜终于安静下来。

我回到房间，重新翻开那本玛雅书仔细研读。这本书的作者除了将三本玛雅原始抄本合为一辑外，还简略记录了玛雅文明的前世今生。其实当代人对玛雅知之甚少，但书中对玛雅文字如何灭绝却记载详细。即便我刚刚经历了血与火的战争，读到这样的故事仍然心惊肉跳。

这个身着华服的天主教主教兰达站立在一堆巨大的篝火前，他被无知和偏见蒙蔽了双眼，却自以为代表了上帝的意志。“烧吧，烧掉这些异教徒的魔鬼篇章。”被强迫而来的玛雅原住民将收集到的无数玛雅文稿扔入火堆中付之一炬。

“烧吧，烧死这些魔鬼的代言人。”一群玛雅祭司被西班牙士兵从兰达主教后面推上前来，绑在火刑柱上，最后一批掌握玛雅文字的人就在传播上帝福音的借口下，从肉体上被消灭。

在中世纪已经结束150年后，兰达用宗教裁判所的手段“成功”地从文化上彻底毁灭了玛雅文明。这朵中南美洲璀璨的文明之花就在这粗暴且残酷的打压下永远消失在历史长河中。

已经灭亡的玛雅人，世人是否知晓他们曾经历过什么？

我合上书，却早已泪流满面。我为自己的不幸哭泣，更为可悲的人类哭泣。强权、暴政、杀戮，希望这样的悲剧就在今夜永远结束，结束在柏林夜幕之下。

（本篇完）

◉ 本篇背景介绍

德意志民族是一个伟大的民族，她为人类贡献了长长一串名单的哲学家、科学家（艺术家相对少点，这也正表明德国是个严谨、崇尚理性思维的国家），而也正是这个民族，给全世界带来了巨大的灾难。纳粹德国出于意识形态、政治理念、民族偏见等各种原因，视苏联为头号死敌，下手狠毒，给苏联国家和人民造成了巨大的经济损失和无尽的精神创伤。

“犯强汉者，虽远必诛”，这也是俄国人的处事法则。这并非宣扬以暴制暴，而是哪里有压迫，哪里就有斗争。弱者必须以武装斗争来保存自己，打压敌人。

柏林守军于 1945 年 5 月 2 日投降，但之后纳粹德国还苟延残喘了 6 天，直到当地时间 5 月 8 日，德国才向苏美英三国签署无条件投降书，第二次世界大战欧洲战场终于以反法西斯力量的全面胜利而终结。

整个柏林战役期间，苏军阵亡、受伤、失踪约 30 万人；而德军除了伤亡数量相当外，另被俘虏了 48 万人；历史名城柏林也化为焦土。在德国灭亡的最后阶段，有个很有趣的现象：成建制的德军拼命试图突破苏军的包围圈，只是为了向美军投降，尽管美国人对待俘虏也未必会很人道。可见德国人自己也清楚当初自己对苏联人民是怎样的残酷，若投于苏联，恐怕会遭到同样的报复。

鉴于苏联红军在柏林战役中取得了无可置疑的辉煌胜利，有些喜欢挑毛病的历史学家试图论证红军攻克柏林是不必要的，牺牲那么多官兵是愚蠢的，斯大林、朱可夫、科涅夫等人是不珍惜士兵生命的，苏联红军只是会人海战术，等等；又吹捧英美盟军的战略战术比苏军更胜一筹。在美国总统竞选期间，西方媒体甚至将当年的盟军总司令艾森豪威尔包装成“击败希特勒”的人。其实不论是苏联还是英美，他们对二战胜利的贡献各有千秋。以意识形态的有色眼镜来厚此薄彼，既是对历史的误解，也是对逝者的不敬。

◉ 本篇主要人物生平

尤里·瓦连京诺维奇·科诺罗佐夫
（Ю́рий Валенти́нович Кноро́зов）

本文中的尤里其实是苏联红军战士的缩影，因此其从军经历有所虚构。在大溃败的 1941 年参战，能够一直活着作战到 1945 年胜利的苏军战士简直是凤毛麟角。真实的尤里于 1922 年出生于乌克兰的哈尔科夫，父母都是俄罗斯族的知识分子。17 岁时，尤里进入莫斯科大学历史学院新组建的人类学系，专业是古埃及学。

1943 年 -1945 年，尤里加入苏军，担任炮兵观察员。在攻占柏林时，他在柏林国家图书馆得到了文中所述的玛雅古抄本复印件。战争结束后，尤里回到莫斯科大学继续专研古埃及学、汉学和古印度学，毕业后做世界古文字、古文化的比较研究。

1952 年，尤里发表了有关玛雅文字的第一篇论文《中美洲的古文字》。这篇开创性的论文指出玛雅文字本质上同埃及、中国的文字系统类似，同属语音语义相混合的符号字母系统，并做出了迈向正确方向的破译。然而当时正处于冷战期间，尤里的研究成果遭到西方学术界的本能怀疑和抵制；甚至有个叫汤普森的学者称其为布尔什维克的“骗术家”。很长一段时间里，尤里因为得不到签证而无法参加国际玛雅学界的会议。科学的真理终将战胜政治的偏见，1979 年，尤里的研究成果为学术界所接受，并成为相关领域的主要研究方法和方向。1990 年，尤里受危地马拉政府邀请，才第一次参观了玛雅遗址。

玛雅文明神奇而又辉煌，其为何灭亡成为历史难解之谜。后人们通过文字破译，发现其天文历法知识超乎寻常地发达。有人利用这点大做文章，致使所谓“玛雅预言”大行其道，“世界末日论”横行。如果尤里知道自己的科学研究竟然助长了人类的迷信，一定会摇头叹气不止吧！

尼古拉 · 埃拉斯托维奇 · 别尔扎林
（Николай Эрастович Берзарин）

1904 年，别尔扎林生于圣彼得堡（亦为列宁格勒）的一个无产阶级家庭，父亲是一名管道工，母亲是一名裁缝。1918 年，别尔扎林加入红军，先后参加了内战、镇压叛乱、剿匪等各种军事活动。1938 年，别尔扎林作为上校师长参加了哈桑湖战役（即“张鼓峰事件”）并因此得到了“红旗勋章”。

哈桑湖战役在军事史上是个小战役，可历史影响却很微妙。苏联通过“张鼓峰事件”和两次“诺门罕事件”，把日方当陪练，扎扎实实演练了一把机械化条件下的诸兵种协同作战，为后来的苏德战争积累了宝贵的经验。更重要的是，由于日本连连失利，使得日方坚定了“南下战略”，一门心思同英美作战，而放弃了联合纳粹德国夹击苏联的“北进战略”。如果当初日军占了苏联的便宜，第二次世界大战的进程恐怕要重写。

同许多红军军官一样，别尔扎林也面临过“大清洗”的威胁，曾被指控为“人民公敌”。好在他背景干净，又有很多颇具威信的党员保他，别尔扎林才免遭迫害。

苏德战争爆发时，别尔扎林已是集团军司令员，转战各地，屡立战功。1943 年他在战斗中受重伤，在医院里躺了 6 个月。在柏林战役期间，别尔扎林率领第 5 突击集团军于 4 月 21 日首先突入柏林市区。按照俄国时代的传统，作为第一支进入城市的部队指挥官，别尔扎林被任命为第一任柏林卫戍司令，同时升任上将军衔。他在任期间重建柏林正常的秩序，并为市民提供生活物资。

柏林战役结束后，满目苍夷的柏林市。

然而仅仅 55 天后，别尔扎林便在一次交通事故中殉职，年仅 41 岁。有传言说，他其实是被一个自称“狼人”的纳粹党卫军组织暗杀，不过没有确凿的证据。

1975 年，当时的东柏林政府授予了别尔扎林荣誉市民称号；1992 年，两德统一后，他又被剥夺了这一称号；2003 年，柏林市政府再次授予了别尔扎林荣誉市民称号。

瓦西里·伊万诺维奇·崔可夫
（Василий Иванович Чуйков）

1900 年，崔可夫出生在俄罗斯的一个贫苦农民家里。他 12 岁就到圣彼得堡做童工，17 岁时在沙俄的波罗的海舰队当水兵，十月革命后加入红军，19 岁加入共产党，在保卫苏维埃的战争中作战勇敢，一直升到了红军团长。

苏联内战结束后，崔可夫进入伏龙芝军事学院学习，毕业后留在学院的东方系中国部继续深造，并学会了汉语，1927 年被派往中国担任军事顾问。1929 年，当时的东北当局同苏联在中东铁路问题上出现纠纷并爆发战斗，崔可夫在苏军参谋部从事情报收集和整理的工作。

苏联“大清洗”期间，根正苗红的青年军官崔可夫受到青睐，他既有实战经验又懂现代军事理论，还有外交履历，开始平步青云，39岁即成为第9集团军司令员。

1940年，斯大林钦点崔可夫再次出使中国，担任苏联军事顾问团团长，成为蒋介石的军事顾问，协助中国抗日。

1942年，崔可夫奉命回国，担任第62集团军司令，开始了其真正伟大的军事生涯。在斯大林格勒战役中，崔可夫的军队顽强战斗，成功保卫了城市；而斯大林格勒战役也成为苏德战争的重要转折点。崔可夫此役表现出众，获得了“苏联英雄”的称号。

好莱坞著名影片《兵临城下》便是一部关于斯大林格勒战役的电影，但部分情节颇有故意抹黑红军指挥员形象之嫌。其实作为司令员，崔可夫确实手腕强硬，但他绝非躲在安全的伏尔加河东岸的“地图将军”。他经常亲临第一线指挥战斗。须知在巷战中，这是非常非常危险的，指不定德军就会从隔壁冲进来，或者被暗中狙击毙命。即便在集团军司令部附近经常遭到德军攻击，司指人员甚至要亲自拿枪防守的情况下，崔可夫也没有后退一步，将司令部牢牢钉在了斯大林格勒。

1943年，第62集团军改编为光荣的近卫第8集团军，是苏联红军战斗力最强的主力集团军。这支英雄的部队参加了一系列重要战役，最终攻陷了柏林，立下赫赫战功。

战后，崔可夫担任过驻德苏军总司令、基辅军区司令员，国防部副部长，陆军总司令等要职，1955年晋升元帅军衔。晚年崔可夫撰写了大量军事回忆录和战史著作，是研究二次大战的重要文献。

1982年，崔可夫逝世，享年82岁。

ЧЕСТЬ И СЛАВА
ТЕБЕ
НЕИЗВЕСТНЫЙ
СОЛДАТ

无名烈士

苏德战争可以说是有史以来最为血腥最为惨烈的战争。根据不同时期的数据统计，在伟大的卫国战争期间，苏联军队（包括正规军、内务部队、边防军以及加入苏军的外国部队）共计牺牲人数从 900 万到 1400 万人不等。之所以阵亡数据出入如此之大，除了统计上的误差和计算方法不同外，也说明有很多反法西斯英烈根本没能留下姓名、籍贯和军籍记录。

1967 年 5 月 8 日，在战争胜利纪念日，无名烈士墓在红场向公众开放，以永久纪念在第二次世界大战中牺牲的无名英雄们。墓里埋葬着一名无名烈士。这名士兵在 1941 年的莫斯科战役中牺牲，因战事紧急被草草埋在莫斯科郊外的泽列诺格勒的乱坟岗里。那里是以莫斯科为起点的“列宁格勒公路”的 41 公里界碑处，正好就是纳粹军队距离莫斯科最近的地方。1966 年，这位无名英雄的遗骸被迁至红场无名烈士墓以供瞻仰。

深红色花岗岩陵墓上陈设着钢盔、月桂和军旗组成的青铜雕塑， 墓前有一个五角星状的火炬，中央燃烧着长明火焰，正好诠释了陵墓上刻着的警句：“你的名字无人知晓，你的功勋永垂不朽！”

本文中的奥列格、雅科夫、杰缅季、米哈伊尔等人并非历史真实人物，但集中体现了普通红军官兵的性格特征和发生在他们身上战斗故事。他们都是无名烈士。

◉ 附：宣传——二战期间苏联的行为艺术

法国军事理论家杜皮克在其著作中提到：“战斗的成败是精神问题。在战斗中，互相冲突的是两个精神力量，而非两个物质力量。”而历史也一再证明，高昂的士气是战争胜利的关键因素。中国的军事思想也一直强调“人和”，即便军事科技水平悬殊，依靠众志成城还是有机会战胜对手。

在第二次世界大战期间，为了提升己方并打击敌方士气，各交战方的宣传手段可谓无所不用其极。纳粹德国的宣传手段领先，无论是演讲、广播还是电影、集会，乃至军服、军歌，都极其具有煽动感；英美两国的宣传镶着偶像光环——总统或首相炉边恳谈，明星嘉宾齐齐助阵，并凭借其强大的经济实力，达到不错的宣传效果；苏联则大开大合，如同行为艺术。如果说：“宣传的唯一目的，就是征服民众。”那么苏联的宣传艺术确实征服了不少后人。即便在半个多世纪之后，笔者也仍然被那充满英雄主义热忱的宣传所吸引、激动和震撼。

影像

那张原载于苏联《真理报》，“胜利旗帜插到帝国国会大厦”的照片无疑是二战史上最著名的照片之一。一名苏军士兵站在柏林的帝国国会大厦的楼顶，在屋顶入口处山墙的青铜雕像上插上象征反法西斯同盟在欧洲战场胜利的苏联国旗。背景里柏林市区一片废墟，浓烟四起，意味着这是一场艰苦卓绝的战斗。这个具有历史意义的瞬间感染了很多人，许多国家的历史教科书中也会印上这张照片。可以说苏联的影像宣传是非常成功的。

据考证，这张著名的照片其实是彻头彻尾的摆拍，除了地点之外，其人物、时间都不是第一现场，而且照片还经过了大幅度的后期处理。如背景中的浓烟是加上去的；近景中的苏联军官手腕上原本戴了多块手表（怎么来的可想而知），后来被抹去。

尽管如此，它仍然作为经典受到世人喜爱，为什么？因为这些照片的外表虽是假的，但其精神却是真的。在战争期间如何最有效率地宣传才是当局优先考虑的问题，若要抛弃那样的时代背景空论真假就未免舍本逐末了。

经典宣传照片“胜利旗帜插到帝国国会大厦”。

阅兵

影响一支军队水准的因素很多，组织纪律性是最重要的一条。阅兵式其实是考察这一条的最佳方式。一支连排队走正步也做不好的军队，其战斗力可想而知。在二战中，苏联红军的阅兵式不仅展现了上佳的风貌，而且极大地提升了苏联人民抗击纳粹的决心和爱国主义热情。

苏联分别在 1941 年和 1945 年举行的两次红场大阅兵，便是其中的典范。有关 1941 年的阅兵，正文中已有描述。这是苏联历史上仅有的一次全体实弹阅兵。此刻德国军队已兵临城下，受阅部队在分列式结束后便直接奔赴前线。这次大阅兵铿锵有力地向全世界宣布：苏联绝不投降、绝不退缩，一定要同法西斯德国作战到底。

1945 年 6 月 24 日举行的阅兵式则是一次隆重的胜利大阅兵。这次阅兵的全体人员都是从表现最为突出并获得过战功奖章的官兵中选拔的。各方面军司令和空军、装甲兵的全体集团军指挥员也都被要求必须参加阅兵式。在阅兵方阵里聚集了如此多的将军，恐怕也是空前绝后的。

其实这些临时组建的方阵走得也不算太整齐，但方阵间士兵们气吞山河的气势，不得不让人感慨携胜战之威的红军官兵是真正的虎狼之师！

1945年，苏联莫斯科红场胜利大阅兵。

阅兵式的当事人及检阅者朱可夫元帅在回忆录中描写道："呈现在我面前的是各部队的军旗，它们曾鼓舞部队彻底战胜了敌人；是战士们经受过战火磨练的英毅的面孔，和流露出欢乐心情的眼睛；是战士们穿着的新制的军装，战斗勋章和奖章在军装上闪闪发光。所有这一切构成了一幅动人心弦的、令人永远不忘的景象。"在密集的鼓点声中，200名战士将在战场上缴获的德国集团军一级的军旗倒持着通过广场，投到了列宁陵墓的台阶下。此刻，阅兵式达到了高潮。

倒持敌人军旗，这个举动将苏联红军的骄傲和对敌人的蔑视展现得淋漓尽致。从政治背景角度上看，当时冷战的铁幕即将拉开，这次阅兵无疑也是对西方国家一次成功的武力炫耀。

鸣炮

为胜利鸣礼炮的主意是斯大林提出的。他认为古代军队胜利后，全城会鸣响钟声为其庆贺，而对红军胜利的褒奖也不应该仅仅止于表彰和勋章，应该更隆重些。

1943 年 8 月 5 日，苏联红军解放奥廖尔和别尔格罗德。当天苏联所有广播电台播放了最高统帅部嘉奖令，随后共计 124 门炮在莫斯科鸣礼炮 12 响，并燃放了烟花。当月 23 日，红军攻克了乌克兰重要城市哈尔科夫（也是本文中尤里的故乡）。哈尔科夫的规格待遇自然要更高些，于是变成了 224 门炮鸣礼炮 20 响。

这下子前线官兵都来劲儿了。几乎每攻下一个大型居民点或取得重要的战役胜利，方面军都要求莫斯科鸣放礼炮。斯大林的主意成功地激发了军人的荣誉感。试想，当知道首都的礼炮为自己响彻云霄，任何人都会热血沸腾吧！

之后礼炮鸣放便形成惯例，并制定了规制，即：

一级礼炮：当解放苏联各加盟共和国首都（基辅、明斯克等）、外国首都（华沙、维也纳等），或庆祝其他重大事件（红军同英美盟军会师、歼灭日本关东军等）时，由 324 门火炮齐鸣 24 响。共 23 次。

二级礼炮：当解放大城市，消灭敌重兵集团和突破重要防线等重要军事行动达成时，由 224 门火炮齐鸣 20 响。共 210 次。

三级礼炮：当解放交通枢纽和大型居民点时，由 124 门火炮齐鸣 12 响。共 122 次。

而 1945 年 5 月 9 日在庆祝对德胜利日这一天，更是达到了顶峰，用 1000 门火炮齐鸣 30 响。

在不到 2 年的时间内，莫斯科共鸣礼炮 350 多次，平均下来几乎每隔一天就庆祝一次。越到战争后期鸣放越密集，其中有 4 天各自鸣放了 5 次礼炮。莫斯科乃至全体苏联人民就在这震耳欲聋的炮声中，享受着胜利的喜悦。而前线将士们也乐意分享这无上的荣誉。

游行

1944年7月，苏联对德发动了代号“巴格拉季昂”的进攻行动。此役结束后，苏联由战略防御转为战略进攻，歼灭了德国最大的中央集团军群，并将战线推进到东普鲁士、波兰和拉脱维亚。此时从战略高度来看，德国败局已定。苏军的战果如此之丰硕，以至于连西方盟国也难以置信。为了展现巨大的胜利成果并鼓舞人民士气，苏联最高统帅部决定在莫斯科举行一次空前的战俘大游行（其实在古代中国，这种“献俘阙下”的行为也很常见）。

白俄罗斯第一方面军向莫斯科一共押送了大约57000名战俘以接受“检阅”，主干道高尔基大街两旁挤满了围观的妇女和儿童（男人们都上前线去了）。战俘按军种、番号组成了90个方队，绵延达3公里以上。在游行队伍的最前面是被俘的21位将军们，这些人仍穿着将军制服，甚至还佩戴着各种勋章。不过这些平时威风凛凛的将军们此刻一身盛装，却哭丧着脸，显得特别滑稽可笑。其他普通战俘则衣衫褴褛、蓬头垢面地跟在后面游街示众。

1944年莫斯科战俘大游行。

在队伍的最后，还跟着大量洒水车，沿路喷洒消毒水对道路进行冲洗。这从卫生的角度看是十分必要的。这接近 6 万个长满跳蚤、患有腹泻的俘虏一定将高尔基大街弄得臭气熏天。但是苏联方面的说辞也颇巧妙：用水将法西斯的痕迹彻底冲洗干净，将德国给苏联留下的肮脏与屈辱也冲刷到历史的阴沟中。

莫斯科市民愤怒地看着曾经不可一世的纳粹军队。有些人朝德国人咒骂，有些人朝他们吐口水，还有些妇女直接冲上去动手打人。

这种精神上的侮辱恐怕比实体打击更让希特勒难受。这次游街使德国丢尽了颜面，也使全世界清晰地认识到在对抗德国法西斯的战争中，苏联必将取得胜利，纳粹德国必将灭亡。

小结

除了上述极具特色、规模宏大的成功宣传之外，苏联政府在苏德战争期间还利用歌曲、勋章、电影、海报等各种手段鼓舞士气。毫无疑问，这些潜移默化的鼓动不论其来源是否掺水，均为反法西斯战争的完全胜利作出了巨大的贡献。

◉ 本篇参考资料

【1】比比克·穆尔奇科夫. 二战经典战役全记录：攻克柏林 [M]. 任成琦，编译. 京华出版社，2005

【2】安东尼·比弗. 柏林 1945[M]. 王宝泉，译. 海南出版社，2015

【3】弗拉基米尔·卡尔波夫. 大元帅斯大林 [M]. 何宏江，赵国顺，等译 社会科学文献出版社，2005

【4】卡尔·巴姆. 血战柏林 [M]. 张国良，史强，译. 中国市场出版社，2009

【5】王霄冰. 玛雅文字之谜 [M]. 上海古籍出版社，2006

【6】张禾. 玛雅文字和 96 字碑 [J]. 拉丁美洲研究， 2001(4)：40-43

【7】张禾. 玛雅文字的破译：方法与历程 [J]. 安徽大学学报（哲学社会科学版）， 2006，30(6)：90-95

不列颠之战

@道格拉斯·巴德

时间：1940年6月5日–1941年5月16日

地点：不列颠列岛上空

在人类战争的历史上，
从来没有过这么少的人，
对这么多的人
做出过这么大的贡献！

——温斯顿·丘吉尔

被俘

不知从哪儿飞来一串流弹，引擎中了招，润滑机油飞洒出来，将座舱罩涂抹得严严实实。我索性拉开舱罩，重新获得视野。可是发动机又开始冒烟，爆响几声后彻底停转。

我没有更多选择，只能跳伞。可当我企图翻出机舱时，右腿却卡在了狭窄的机舱内，动弹不得。就这样，我的身体一半夹在机舱内，一半挂在半空中，随着战机自由落体。

就这样结束了吗？我的视野天旋地转，整个肠胃都几乎掏空，可我的脑子却从来没有这样清醒。我拼命地挣扎，终于摆脱束缚，随即拉开了降落伞……

法兰西大地犹如一幅巨大的油画在我面前猛然展开。

离开了飞机这小小的铁盒，我彻底暴露在夏日的熏风中，体验着一种前所未有的平静，仿佛自己是这片美丽土地上空一只自由的鸟儿。

我试图平稳地操纵降落伞在平地缓慢着陆，可由于身体左右极不平衡，这个努力显得徒劳：我在降落伞底摇摇晃晃，侧向倾斜，最后以极其滑稽的姿势一头栽进一棵橡树的枝桠，还悬挂在离地 2 米高的半空中，活像个摇晃的钟摆，束手无策。

“先生，您是英国人吗？”一个男人小心翼翼地从树后面绕过来用英语问我。

“我肯定不是德国人。”我没有好气地用蹩脚的法语回答道。

法国是被纳粹德国征服的国家，但这里的人民——至少是大多数——丝毫没有被征服民族应有的反抗精神，更遑论反抗行动。从 1940 年 5 月 10 日德军入侵法国开始，我们皇家空军就不停地为他们擦屁股，一直到 6 月 4 日从敦刻尔克撤出。看样子，整个法国军队已经被消灭殆尽了。

法军如此无能，希特勒干脆利落地将法国变成了进攻大不列颠的前进基地。若不是我和战友们拼死抵抗，德军还差点成功入侵英国。我当然对法国人一肚子不满意了。

可这里是受德国人直接控制的北法地区，而非维希政府[①]的管理区域，属于敌占区。所以对于这里的人民将如何对待曾经的盟友，我还有些担忧。或许我应该说话婉转点儿。

我挂在树上的样子想必很难看。法国男人脸上露出惊悚的表情："您受伤了？伤得很重吗？要不要叫救护车？"

救护车？这是战争啊！平民的思维真是奇怪。

"没事没事，请您站在我正下方接住我好吗，我要下来了。谢谢！"

我喊着"一、二、三"，到第三下时，我解开降落伞的卡扣，正好落入男人的怀抱。虽然我天生体格并不弱，不过由于体重不沉，法国男人还算轻松地接住了我。

当我安全落地后，男人才松了一口气，并伸出右手来："您好，我是莱昂。"

我握着莱昂的手，自我介绍道："巴德——道格拉斯·巴德，英国皇家空军代理中校。非常感谢您的帮助。请问这是哪里？"

"圣奥梅尔（St. Omer），巴德中校。莫嘉娜，帮帮我，把中校先生扶到餐垫那儿去坐下。"

在他的招呼声下，一个年轻的妇女带着一双小儿女从树后的篱笆边直起身来。莱昂不好意思地说："她们还以为你是德国人呢。"

"哈哈，下次再看到德国人，你们就帮我狠狠揍他一顿。"

他们似乎被我的笑话吓到了，露出惶恐的神色。我这才意识到，这一家人是敌是友还未可知。这里是德国人的地盘，被揍的本应

① 法国投降后，由贝当元帅在法国中部维希城建立的傀儡政权。

该是我。

我被这夫妇俩一左一右地搀扶着，一蹦一跳地来到他们的野餐垫前。我一屁股坐下去，餐垫的柔软触感让人放松了许多。

“巴德先生，请来一杯红茶吧。”莱昂夫人说：“这真是让人羞愧，你们在天上战斗，我们却在这里野餐。”

我摆摆手说：“战争是军人的事，不是平民的。对你们而言，战争已经结束了。”

莱昂夫妇并未答话，看上去很是尴尬。我又说错话了。所谓言者无意，听者有心，这听起来像是在讥讽法国人不抵抗么？

年纪较大的女孩儿张口打破了僵局：“巴德先生，看啊，您的战友还在天上呢！”

我仰起头，眯着眼睛望着碧蓝天空的一端。

天边处，皇家空军和德国空军的战鹰仍扭打在一起，飞机的凝结尾气画出一道道凌乱的白痕。偶尔一架飞机冒着黑烟倒栽直坠，甚至直接化成一团橘色的火焰，像是蓝底风景画上的一抹伤痕。

德军一架He-111被击落，坠落到地面上来。

随着皇家空军的轰炸机编队继续向德国境内飞去，英德双方的战斗机也逐渐消失在视野中。作为一名为轰炸机护航的战斗机飞行员，我刚刚被德国佬击中，不得不弃机跳伞逃生。

然而我还远未脱离危险。虽然希望很渺茫，但我还是总该再做点儿什么。我左右观察，发现路边停了一辆小汽车，于是试探性地问道："莱昂先生，您可以把我带出这片区域么？"

这句话又令气氛紧张起来。莱昂先生没有回答我的问题，只低着头从午餐篮中取出一个三明治说："请您吃点儿东西补充体力吧。"他甚至不敢看我的眼睛。

我当然明白他的恐惧。尽管德国人在法国还没有实施什么太大恶行，但是对抵抗组织的打击却非常凶残。窝藏英国飞行员无疑是直接反抗纳粹统治，一旦被发现，必然招致严厉报复。

"谢谢，我不需要。"我谢绝了莱昂先生的好意。

其实我身上还有一把防身用的手枪，不过就算掏出来威胁这家人也无济于事，况且还有妇女和儿童。

我叹了口气。既然跑不掉，索性就原地等待吧。我躺倒在餐垫上，用双手垫着后脑勺，眼皮很快耷拉下来。感受着温暖的阳光，呼吸着带有青草气息的空气，我进入了梦与现实交织的地带。

"英国佬，醒醒！"一双手粗暴地将我推醒。

我甩甩脑袋，看见一队穿灰军装的人。

"你被击落俘虏了，报告你的姓名、军籍号和军衔，我们将按照《日内瓦公约》给予你应有的战俘待遇。"一个德国少尉用英语生硬地向我问话。

德军搜索队的效率果然很高，大概我刚一坠地，他们就已经把我定位了。我抬头看着突然扬起灰霾的天空，再看看那张凶神恶煞的脸，用尽气力支撑着站起身来，平静而不失尊严地回答了少尉的例行问题，然后被 2 名德国兵架起来塞进了汽车里。

从这一天开始——1941 年 8 月 9 日，我成了德国人的战俘。不过我发誓，我一定要尽快终结这令人沮丧的称谓。我是一只自由飞翔的大鸟，绝不会被敌人永远囚禁在牢笼中。

空投的礼物

圣奥梅尔是德国空军一处重要的基地。1939 年时就有很多轰炸机编队和护航战斗机从这里起飞，实施“鹰”日行动，对英国展开狂轰滥炸 。

圣奥梅尔城内有一所古老的医院，如今也被德军接管，成为德国空军的专用医院。鉴于我的身体状况，德国人暂时将我安置在这儿一间专供受伤的俘虏使用的大病房中，并未转移到真正的战俘营。

我不幸被俘，被安置在圣奥梅尔军事医院一间俘虏使用的病房中。

8 月 20 日下午，我正躺在病床上，医院院长霍夫曼上校兴冲冲地闯进来：“巴德中校，你的‘礼物’昨天空投送到了！”他做了个手势，一名卫兵将一只细长的木箱送到我面前。

“代理中校，上校先生。”我及时纠正霍夫曼上校的错误。

“试试，快试试！”霍夫曼上校毫不在意，搓着手催促道。尽管我们是敌对的双方，不过医生的职业道德还是使他不由自主地真诚关心病人们的恢复状况。

固定木箱面板的铁钉已经被撬开了，显然德国人仔细检查了“礼物”，确保里面没有隐藏任何“危险物品”可供我利用。我没费什么劲就撕开了包装，将内物熟稔地穿戴在身上。果然是国内订制，轻重合适，大小适中。我再次行动自如，跟被俘前一样灵活。“礼物”的效果非常好。木箱中甚至还塞进了一支烟斗。虽然我嗜烟如命，不过德国医院里可不会提供烟丝。

“完美，绝对完美！”霍夫曼上校仔细地观察我的动作：“想不到英国同行们的技术如此精进。元首说得果然不错啊，日耳曼人和盎格鲁-撒克逊人都是优等民族的代表。德国和英国成为敌对国，真是不幸。”

我无意理睬霍夫曼上校的自言自语。希特勒的那套鬼话怎么就会将理性的德国人，甚至很多堪称精英的德国人唬得一愣一愣的呢？

上校接着说：“您恢复健康后，不日将转送至德国境内的战俘营。那里的生活条件比这里更为宽松。我确信，像您这样的英雄，一定会受到特殊优待的。”

“是吗？”我讥讽地反问道：“终究还是个囚犯吧！”

霍夫曼上校干笑两声说道：“德英两国交战只是历史的误会。我们共同的敌人难道不是东方的红色苏联么？您看，法国人就已经很明智地同德国合作了。我相信你们的丘吉尔首相一定会明白其中的关键。所以您就把在德国的战俘生活看作一次短期休假吧。我们缔结合约后，您很快就能重返英国了。”

一派胡言！

即使我能接受梅菲斯特[1]的谎言，也绝对不会相信希特勒的允诺。宣扬纳粹主义的德国和信奉自由主义的英国是如同冰与火的两个世界，两国间有着恶与善的交锋。握手言和？想都别想！英国人将战斗到底，不惜任何代价，甚至与曾经势不两立的斯大林结盟。

院长显然还沉浸在西方“优秀”人种共同消灭“劣等”斯拉夫人的憧憬中，压根就没注意到我早已不耐烦的脸色。我打断了他：“我只是军人，政治上的事情我不懂，也没有兴趣。我想再自己独自适应一下。请代我转达对加兰德上校的谢意。”

加兰德上校是德国空军的王牌飞行员，目前是第 26 战斗机联队大队长，圣奥梅尔的空军基地正好在他的管辖范围内。我被俘后，他很快就亲自来到医院看望我，还带我参观他的基地。加兰德虽然还未满 30 岁，但俨然已是德国空军的明日之星。战争打响前，他才到上尉军衔，不过 2 年，就已经是上校了。战争对于男人们来说，不是坟墓，就是发迹的舞台！

加兰德的战绩显赫，很大一部分都是在同皇家空军的交战中取得的。虽然他曾亲手打下了我很多战友的座机，但彼此作为堂堂正正对决的战斗机飞行员，我们却像中世纪势均力敌的骑士那样惺惺相惜。加兰德通过各种渠道向皇家空军说明了我的窘境；皇家空军也积极回应，在轰炸机编队突袭德军阵地的空隙期间，忙里偷闲进入加兰德特意安排的安全飞行通道，给我空投来这件特殊的礼物。

我对加兰德上校个人无疑是怀有感激之情的，但这丝毫不能削减我对法西斯主义的深深厌恶。如果有朝一日在天上遇见他，我仍会竭力将他的飞机击落，这才是对他的最大尊重，对我逝去战友的最好缅怀。

① 歌德所著《浮士德》中的魔鬼。

霍夫曼上校终于发觉了我的敌意，悻悻地说："一定带到。具体安排虽是由加兰德上校负责，但是最后批准的可是戈林元帅！"

戈林？如果是在1918年，他或许还会是我的偶像，可是现在，戈林只是一个脑满肠肥的纳粹头子罢了。

见我没有丝毫要继续感谢德国空军首脑的意思，霍夫曼上校终于起身告辞。他带着几分愠怒推开病房门，正待出去，忽然又转过身来，双腿"啪"地并拢，伸出右臂高喊道："希特勒万岁！"说罢便甩门而去。

傻帽！

我不理会他的挑衅，还学着他的样子喊道："小胡子万岁！"惹得病房里的病友们咯咯直笑。希望霍夫曼上校明白，我可是非常"尊重"他们的元首的。

霍夫曼上校的一顿唠叨，只有一句话让我记在心里了：我马上将被送到德国。这提醒我必须尽快实施逃亡计划。圣奥梅尔离海峡很近，在这附近也有我们的谍报机构，只要能联络上他们，我就能返回英国继续作战。如果被送到德国，再想逃跑可就难了。

那么就开干吧，就今晚。

一次老旧风格的越狱

圣奥梅尔距离多佛尔海峡[①]之滨的加莱、敦刻尔克或布诺涅都不超过30英里（约48公里）。当年这里是拿破仑大军团准备入侵不列颠的前沿，现在则是德国空军的基地。

圣奥梅尔医院坐落在一幢拿破仑时代建成的石质建筑内，主

① 英吉利海峡的最窄处。

要救治受伤的德国飞行员。建筑西侧开辟出顶层，用以接纳受伤被俘的皇家空军飞行员。有趣的是，上次欧洲大战，这层楼也是法国政府安置英国远征军伤员的地方。

由于送到这里的都是伤情较重、不便移动的战俘，因此德军看守比较松懈，只在病房外的走廊和楼梯口设置有一对 24 小时卫兵。如果没有特殊情况，军医一般会在下午前来查房。走廊里有护士站，德国护士们会经常进入房间送药或更换绷带。晚饭后会实行灯火管制，除个别科室外，整幢大楼将处于黑暗之中，此刻除非按铃，否则护士不会主动过来查房。

这简直是世界上最容易逃跑的监狱，如果不妥善利用，实在对不起德国人的“美意”。我的工具也是所有越狱计划中必不可少的经典道具——床单。虽然缺乏创意，但我可不会为了拍电影或者方便作家写惊险故事而制定华而不实的计划，导致最后功败垂成。

根据三流小说的发展惯例，越狱者总是要找同伙的。

住进圣奥梅尔医院这 10 天，除了德国医护人员外，同我接触的还有 2 位法国本地的年轻女佣——艾琳娜和玛利亚。她俩轮班负责清扫病房。

我拿出当年在伦敦酒吧“勾搭”上老婆的手段，当然更有可能是鉴于我的王牌飞行员身份和传奇经历，两位女士十分乐意同我聊天。在了解了医院的结构和圣奥梅尔的城市布局后，我不失时机地向她们表达了越狱想法，并希望她们能够找到一户法国人家，愿意将我暂时隐藏。在出发飞往德国前，我们的飞行员都被告知，法国境内仍然存在抵抗组织，而这些抵抗成员同英国谍报机构有着密切联系，万一在法国境内被迫跳伞，就尽量寻找到他们，这样将有很大希望返回祖国。

艾琳娜和玛利亚一开始都吓坏了，不过禁不住我软磨硬泡，最后勉强同意试试看。一天，艾琳娜偷偷告诉我，在圣奥梅尔城外有一户农庄愿意接纳我。

太好了，只要能从四楼病房降落到地面，然后翻越医院围墙，穿过热闹的城区，避开德军巡逻队，顺利找到农庄，躲过地毯式大搜查，同英国间谍接上头，再开车到海边登上接应的小艇，就能偷渡回英国了。好极了，一点儿也不难！

在我的字典里，就没有“困难”这个词。不论是特技飞行还是空中格斗，抑或是那次严重的事故，我都能成功地将困难视作对自己极限的挑战，而我必然能够通过挑战。

我的同伙还包括病房里的另外 7 位战友。这些人大部分都是英国人，也有来自加拿大、新西兰的盟友，还有一位是刚送来的流亡到英国的波兰飞行员。不过护士刚刚包扎好他的伤口，德国宪兵就冲进来带走了他。按照德国人莫名其妙的种族分类，波兰人属于“劣等”民族，不配享有良好的医疗待遇。

我并没有试图说服这些战友们同我一起越狱，人越多目标越大，反而不利于隐蔽；而且他们都是重伤员，除了我还能走路外，其他人都只能在病房里呻吟。

但他们都积极支持我的计划，只有睡在靠窗床位的比尔·拉塞尔保持沉默。他来自新西兰，是 485 中队的飞行员，刚刚做了左臂截肢手术。在吗啡的作用下，他整天都处于昏迷之中。

这天下午，正好轮到艾琳娜当班，我告诉她已经准备好了，晚上就行动。艾琳娜默默地点头，草草清扫病房后，就迅速离去。

熄灯后，我又等了 2 个小时，直到确定值班医生和护士不会再进来，才蹑手蹑脚地把战友们从床铺上拍起来，撤下他们雪白的床单，一条接一条打上死结，串联成简易绳索。我将这条绳索的一端系在自己的病床腿上，另一端系上一只带把水杯，这样绳索从窗户边儿垂下去后，我就能感觉到它是否触底。

见鬼，短了！黑暗中我也看不清绳端离地面到底还有多高，但我绝不能冒险从绳索底部往下跳，万一摔坏了刚送来的“礼物”，麻烦可就大了。

现在只好劳烦拉塞尔先生了。我和战友们一起小心翼翼地将他连同病床一起抬到窗边，没有发出一点儿动响；然后我将绳索从拉塞尔先生的身体下方穿过，同样再系在床腿上，其余的同伴则都挤上病床。这样病床成为一个稳固的“锚”，足以承载我的体重。再次试探楼高，这一次很幸运，绳索长度足够了。

我脱下病号服，整整齐齐地穿戴好皇家空军的制服，将烟斗塞进口袋，一一同战友们握手告别。之后，我开始爬上窗沿。这个动作对一般人而言也许很简单，但于我却很难。我本来就行动不便，还得注意保持平衡，免得失足掉下去。我可不想见到我的讣告中这样写着：“巴德中校坠楼身亡。”飞行员有一万种死法，但绝不能是以这样窝囊的方式。

折腾了好一阵，我才将身躯悬于窗外。我一手拽着绳索，一手抓着窗框，“再见了，先生们！”我轻声向战友们告别，然后顺着绳索慢慢往下挪动。

2 楼和 3 楼的病房内静悄悄的，显然那些德国人都睡着了。我不敢迟缓，适应绳索后便加速移动。万一哪个德国佬起来撒尿，看到窗外挂着一个黑影，还不得闹得惊天动地啊！

当我接触到地面的一刹那，我才松了口气。我拉了三下绳索，它很快就被收了上去。这是我和战友们事先约好的。这样即使天亮了，也不会有人发现异常，直到早间护士查房才可能拉响警报。

我缓缓穿过医院的花园，越过不高的藩篱，便来到一条僻静的大街。街上黑漆漆的，无人走动。突然一个人影儿不知从哪儿冒出来：“巴德中校？”

我惊得心脏都快跳出来了。

他提着一盏煤油灯，举到我面前，仔细盯了几秒钟后说："请跟我走，巴德中校。"

我来不及多问，紧紧跟着他，迅速离开这里。

他显然很熟悉地形，避开大道，只走小路，在城镇内七弯八拐，悄悄穿过几处私家花园后，我们成功来到了郊区。

德国人的警备也太松懈了吧。虽说有向导带路，但毕竟还是战时，怎么连巡逻队和固定岗哨都如此稀疏呢？我开始担心这是一个陷阱，不过转念一想也就释然了。一个月前，纳粹德国向苏联发起了全面攻击，将本来准备入侵英国的部队全部调往了东线，西线反而平静下来。在不列颠大空战中，英国元气大伤，如今只能利用空军来骚扰德国，于是希特勒大可安心，不必提防英国人登陆法国进行大反攻，所以驻扎在法兰西的德国占领军也有大幅缩减。

前往乡间安全屋的路程相当远，我们也不敢走在大路上，因此预计天明时才可到达。一路上，我和这位名叫希格奎斯的年轻法国农民聊起来。安全屋是他的父母——老希格奎斯夫妇的农庄。这几天来，他每晚都守候在医院外，这样便能随时接应我。

大溃败

我们在乡间小路上又默不作声地走了一阵。约莫 1 个小时后，小希格奎斯在一棵大树前停下，从挎包中取出一只水壶，示意我喝口水，休息一下。

我靠在树干上，擦拭着额头上的汗水。长距离步行使我的旧伤隐隐作痛。

"中校先生，您原来在法国作战过吗？"小希格奎斯轻声问道。

我"嗯"了一声，说："不仅我自己，我的父亲在上次大战中也曾来过这里。他是皇家工程部队的少校工程师。"

"哦，那么他现在一定很担忧您的情况吧？"

我苦笑了一下："不，他已经去世了。他在1917年执行任务时受了重伤，战后一直留在法国疗伤，5年后死于旧伤带来的各种并发症。你知道吗，他就死在这里。我的意思是，他就是在圣奥梅尔医院去世的。我怀疑我们曾经住过同一间病房。那时我才12岁，本来我俩能待在一起的时间就很少，现在对他几乎没什么印象了。不过我想，如果我父亲能活到现在，他一定是我最信任的机械师。"

我见过太多因为各种匪夷所思的故障而导致的飞行事故，有的甚至发生在战斗的关键时刻，发动机突然熄火、油管爆裂、机枪卡壳……意外不断。如果我们的机械师技术更高超些，应该可以避免很多无谓的牺牲。

小希格奎斯说："感谢你们为法国做出的牺牲。"

我笑着说："我们是盟友，伙计。"

话虽如此，其实我很清楚，"盟友"并不表示无条件的帮助。英国只是将法国看作抵御德国入侵的第一道防线罢了——上次大战如此，这一次也不例外。何况，我们最初还放弃过这位"盟友"。

军人从不害怕战争，我甚至还向往战争，因为我奋斗的一切都需要在战斗中证明。但是我们的政治家却吓坏了。从1939年9月希特勒和斯大林合伙入侵波兰开始，大英帝国和法兰西共和国躲在马其诺防线后面什么也没做。张伯伦首相和达拉第总理居然搞出"假战争"[①]（The Phony War）这样史无前例的欺行佯态，任由波兰顷刻间崩溃。直到纳粹的装甲洪流和"斯图卡"轰炸机出现在法国领土后，我们才仓促迎战。这对我而言，是军人的耻辱；

① 二战全面爆发初期，英法在西线对德国"宣而不战"。

对小希格奎斯而言，则是失去独立自由的痛楚。

德国军队使用了一种称之为“闪电战”的新战法，将法国防线摧枯拉朽般毁灭。

纳粹德国从1940年5月10日开始入侵法国，
号称拥有“世界最强陆军”的法国在不到3个月的时间里便被纳粹德国击败。

当时我在第 222 战斗机中队，急切地想立即投入法国战场；同时法国人也希望英国尽量增派战机支援前线作战。对于这样的合理要求，新上任的主战派首相丘吉尔刚开口允诺，就遭到皇家空军战斗机司令部的休·道丁上将的坚决反对。他的理由是：在整个法兰西战役中，皇家空军已经损失了约 1000 架飞机和 400 多名经验丰富的飞行员。此刻法国败局已定，与其将宝贵的战斗机和飞行员送到法国在毫无意义的战斗中消耗掉，不如雪藏在本土积蓄力量，以应对必将到来的德国空军的袭击。

虽然我不喜欢道丁将军——确切地说他和我分属两个不同阵营的政治派别——不过对于他这个决策，现在回想起来，我认为还是相当英明的。假若皇家空军在法国消耗殆尽，到不列颠大空战时必将以我方败北而告终。也许我现在就不是在法国逃亡，而是在大洋彼岸的美国寻求庇护了。

最后，英国决定放弃救援法国。如果无法救活它，还不如让它死得干脆点儿，省得拖后腿。当法国政府投降后，为了避免实力不俗的法国海军被德国人利用，丘吉尔甚至还命令皇家海军和海军航空兵先下手消灭了前些天还是盟友的法国舰队。唉，政治家翻云覆雨的手段可真是辣。

政治的本质是残酷的。不管是帮助法国还是打击法国，最终目的其实都是为了保全自己。

所以我并未真正为法国人做出过什么贡献，只是为了救出英国远征军，我们在敦刻尔克上空同德国人真枪实弹地干了一仗，顺便也解救了部分法国败军。

小希格奎斯不知道我一瞬间想了这么多事，询问道："如果有机会的话，我能不能跟着你去英国？那么我就能成为戴高乐将军的自由法国运动的一分子了。"

"这恐怕不行啊！"我安慰他说："况且，你在法国帮助抵抗组织工作，作用会更大些。有朝一日我们卷土重来，还是得在法国登陆嘛！"

话虽如此，其实在纳粹德国如日中天之时，"有朝一日"和"遥遥无期"并没有太大区别。

法国战役的最后，便是英法联军在敦刻尔克的大撤退。

1940 年 5 月 21 日，德军从东、南、西三面将 30 多万英法联军包围在了港口小城敦刻尔克。在势如破竹的机械化坦克面前，联军的唯一生路就是从西北处的海滩利用各种运输舰船撤回到海峡对面的英国本土。为此英国海军开始执行"发电机行动"，从 5 月 26 日起，不分昼夜地抢运英国仅存的生力军。

不知为何，德国陆军面对大好形势，希特勒却命令坦克群裹足不前，反而让戈林的空军担任了主攻任务。因此，能否保证敦刻尔克上空的安全就直接关系到撤退计划的成败。

1940年5月26至6月4日，英国海军开始执行大规模撤退的“发电机行动”，从小城敦刻尔克紧急抢运联军士兵送回英国本土。

6月1日，海峡上空连续2天“优良”的雨雾天气开始变得“糟糕”。晴朗的天空意味着德军将发动更大一轮的空袭以阻止联军的撤退行动。

“空战”相较于“陆战”最大的不同是，陆军可以持续驻防在阵地上以抵御敌人的进攻，但战斗机却不能永远飘在天上。天空中不存在如堑壕那样固定的防线。进攻方尽握突袭主动权，自由决定何时向何地发起空袭。而防守方只能派出少量战斗机进行巡逻，在确认敌机来袭后再派遣大部队拦截，否则早早升空后扑了个空，反而会因为燃油耗尽而提早返航。如果此时敌人乘虚进攻，天空便成为不设防的无人之境。

4时15分，德国空军赶在皇家空军的“黎明巡逻”机群到来之前发动了第一波空袭。整整一天，德国空军神出鬼没，准确地利用皇家空军各防御波次的空隙，对敦刻尔克海滩狂轰滥炸。直到上午 10 时 30 分，我们才锁定了德国的轰炸机群。

经过前几天的战斗，德军也适时改变了战术，组成了上、中、下三层立体编队。最下层是负责轰炸任务的轰炸机，中层是负责短程支援任务的战斗机，高层则是高空支援战斗机。这迫使皇家空军将本来数量就捉襟见肘的战斗机又分成 2 个部分，分别对付敌人的轰炸机群和战斗机群。

当时我驾驶着英国最先进的“喷火”式（Spitfire）战斗机在敦刻尔克海岸约 3000 英尺（约 900 米）的高空搜寻敌人。一架德军“梅塞斯密特”Bf-109 战斗机就这么闯入我的视野。它并未发现我，并且显然，它的飞行员还是个新手——以近乎直线的轨迹和均匀的速度飞行了好一段时间——这几乎就可以视作固定目标了！

我长吁一口气，悄悄加速，尾随而行，并让它持续待在我的瞄具里。我的战机渐渐接近这架 Bf-109，当距离缩短为 650 英尺（约 200 米）时便狠狠按下操作舵上的机枪开关，只一串长点射就将这个猎物击落下来。我注视着它，直到它拖着黑烟，像没头苍蝇那样坠入大海后，才心满意足地去搜寻下一个目标。

然而由于油料有限，我们不能长时间滞留在敦刻尔克上空，必须返程加油。而没有了战斗机的护航，德国空军便肆无忌惮地对海滩和运输舰只进行轰炸表演。

当我再次返回时，上一波轰炸已经接近尾声。从高空看去，海滩上满是被遗弃的大炮、车辆和堆积如山的军用物资。海面上散布着各式各样的大船小艇，就连老旧的蒸汽船和小载荷的皮划艇都悉数出现。事实上，只要是能浮在海面上的运输工具都赶来了。

我们的陆军战士们将步枪高举过头顶，排着队，像蚂蚁一样密密麻麻地蹚入海中，再爬上收容他们的舰船。这一趟渡海之旅是“免费”的，唯一的条件是保留自己的枪械作为逃命的“船票”。

尚未投弹的“斯图卡”俯冲轰炸机发出骇人的尖叫声[①]，向着人群最密集的地方投掷炸弹。不论是沙滩上还是海面上，到处都腾起烟和水的巨柱。

敦刻尔克大撤退过程中，海岸边的陆军战士们遭到了德国轰炸机的密集炸弹，如此地无助。

这就像小孩子们在田野中玩屠杀蚂蚁的游戏。他们快乐地用各种从天而降的手段消灭蚂蚁，而蚂蚁们只能听天由命，茫然地沿着既定路线前进。生或者死，取决于天上的那个怪物。

这一刻我醒悟了，不论这一场战争的明星是坦克还是潜艇，下一次战场上的决定性力量一定是“飞机”。对付飞机的唯一有效手段就是另一架战斗机，而不是地面上慢慢腾腾又难以移动的高射炮。我记得在空军院校学过意大利人杜黑的著作《制空权》，

① 德军在“斯图卡”轰炸机上安装了一种称之为“哥利亚”的空气发声装置，俯冲轰炸时会发出极其刺耳的噪音，使敌人产生恐慌情绪。

也许回基地后得回炉复习一遍。

当然此刻比起制空权理论，我们更需要知道以命相搏的空中实战到底应该怎么打，可将军们、教授们谁也说不清，只能靠飞行员在前线一枪一炮打出经验来。印刷空战教材的油墨都是用各方飞行员的鲜血熬制而成的啊！

在撤退行动的10天中，整个皇家空军出动了3000多架次战机参与掩护撤退任务，最后从纳粹的口袋中成功营救了约33万人。如果这些人被消灭在敦刻尔克的沙滩上，则整个不列颠岛的海岸线将无人防守，德军入侵英国的方案也许就简单多了。

所以，敦刻尔克的“胜利败退”为即将开始的不列颠战役打下了良好基础。英国在海洋上占有优势，在陆地上也稳住了阵脚，决定性的战场将转移到天空中。在那里，我和不到3000名战友们共同捍卫着联合王国的独立。

永不言弃

敦刻尔克是一个沉重的话题。我和小希格奎斯都不愿再重揭这个伤疤。休息片刻后，小希格奎斯和我又开始上路了。

可惜我这次启动很不顺利。黑暗中没走几步，我的下半身就被地面上的大树根绊住，迟钝的神经没能及时将信息反馈给大脑，上半身惯性地前倾，于是整个身体失去了平衡。我扎扎实实地正面跌倒，幸亏双手及时撑着地面缓冲了一下，才没摔倒鼻青脸肿。

等我努力翻过身，直起后背试图重新站立起来时，才发现两条腿向外折弯成骇人的钝角。

小希格奎斯一下子呆住了，惊呼道：“怎么会这样？怎么会这样！”

我伸出一只手示意他保持镇静，接着熟练地将裤腿高高挽起，露出两条安装了义肢的残腿：左腿低位截肢，右边则是从大腿中间截去。9年过去了，虽然接合处的皮肤同义肢磨合得已生出老茧，不再那么疼痛，但在陌生人面前不得不露出残缺的肢体，这仍使我不太自在。

我将义肢扶正，重新扣紧固定节，两手一撑站立起来。

我的战机被击中后，右腿义肢被卡在飞机里，我只好当机立断放弃义肢及时跳伞。缺少义肢自然让我寸步难行，于是德军的加兰德上校和皇家空军临时合作安排空投，送给我一条崭新的义肢。

是的，我其实是一个没腿的战斗机飞行员。

我这个残疾飞行员的事迹在英国航空圈儿里还比较有名，在法国就没什么人知晓了，大概艾琳娜没也有向小希格奎斯介绍过我的特殊情况，所以把他惊出一身冷汗。

小希格奎斯说：“我见您走起路来有些僵硬，以为是受伤后脚瘸了，也不方便具体询问。想不到您居然……”

我整理好服装，无奈地笑了笑，继续迈步往前走。

“小心，小心！”小希格奎斯急忙跟上来，用微弱的灯光帮我照亮脚下的路，还试图扶着我的胳膊。

我感谢了他的好意。虽然义肢同身体的配合毕竟不如原生的默契，但得益于多年练习和我发达的运动神经，绝大部分情况下我还是能应付自如。

我总是尽量隐瞒自己的残疾，当不得不暴露时，必然会引起周围人们的惊叹和随之而来的特殊“关照”。但我一直努力证明自己同常人无异。我只是少了两条腿而已，一点儿也不影响我的生活乃至事业。特别是作为战斗机飞行员，失去双腿甚至还会给我带来一点儿优势，这算是意外的好处吧。

走了一段路，小希格奎斯终于忍不住，小心翼翼地问道：“巴德中校，请问您是在战斗中……”

“不，不是。”我早就知道好奇的人们会刨根问底：“只是一次飞行事故，算是我自找的。”于是我又缓缓重复讲述了一遍人们最爱听的“励志”故事。

1928 年我进入皇家空军学院。相较于枯燥的理论学习，我更喜欢在运动场上展示我的天赋，而摩托赛车就是我的最爱。虽然学院并不禁止骑行摩托，但严格限制竞速。在没有升空之前，摩托就是我感受速度的最佳工具。我对这项运动乐此不疲，甚至还差点儿因此被学校开除。终于在一次重要考试中，我的成绩排名倒数第三，引起了校长的震怒，给予了最严厉的警告，这才让我收心回到课堂。好歹我是有机会上剑桥大学的学生，空军学院的课程自然不在话下，至于飞行，那就更是手到擒来。2 年后我顺利毕业，并因成绩优异得到了“荣誉之剑”（Sword of Honour）的称号。

1930 年我成为空军少尉，隶属第 23 飞行中队。给我分配的座驾是“斗牛犬”式（Bulldog）双翼战斗机。这可比摩托车拉风多了。那时空军有一项条规，正常飞行时需保持飞行高度在 500 英尺（约 150 米）以上，并禁止飞行员在 2000 英尺（约 610 米）的低空飞行特技动作。但我很快就“恶习”重发，视之为毫无必要的安全条例而置之不理，驾驶“斗牛犬”玩起了各项违规特技。大概是疯得太出格，第 25 飞行中队的指挥官居然威胁要送我上军事法庭。真是多管闲事！好在我自己中队的指挥官对我的张狂睁一只眼闭一只眼，只口头训诫几句了事。

1931 年 12 月 14 日，我和另外 2 名飞行员在飞行员俱乐部一边喝咖啡一边闲聊。他们不断刺激我去表演一场独一无二的飞行。正好我也技痒难耐，便决定让他们见识见识巴德的厉害。

我驾驶“斗牛犬”完成了几个动作后，觉得意犹未尽，便将飞机下降到离地只有几十英尺的超低空，几乎是贴地飞行，然后又来了个慢速翻滚。“斗牛犬”式战斗机在低速情况下，存在方向稳定性问题，虽然我心知肚明，但一直自信能通过完美的操作纠正飞机的缺陷。然而很不幸，在翻滚中左机翼的前端擦到了草坪上。

“玩儿砸了！”我脑海中刚闪出这个念头，飞机就失去了控制，坠毁在地面上。

在一阵耳鸣和昏眩中，我睁开了眼睛。我死了吗？不，我甚至还能保持清醒。飞行安全带救了我的命，使我避免被甩出驾驶舱。我并没有感觉到疼痛，刚想爬出机舱，却动弹不得，原来驾驶舵不偏不倚正好穿过我的右大腿，差一点儿就把躯干截成两段了；左腿也好不到哪儿去，在膝盖和脚踝间断裂。

正当我无所适从之际，一个人冒着飞机随时会起火的危险，冲到我跟前，替我解开安全带，然后不知怎的将驾驶舵从右腿中卸下，把我拖出驾驶舱。我的腿动脉已经破裂，好在救护车及时赶到，将我送进附近的皇家伯克希尔医院。

我的最后一丝记忆是在手术台上。我用尽全力喊着医生，但他仍听不清楚，便将耳朵凑在我嘴前。我想说的是，千万别给我套上麻醉面罩。那一刻，我想到的事情是小时候妈妈带我去做扁桃体切除手术，医生将巨大而恐怖的麻醉面罩罩在脸上的情形。言毕我就昏迷过去。

当我醒来后，大脑一片空白，望着陌生的环境问道：“我在这儿做什么？”

一位护士对我说：“你醒了，不是么？你出了飞行事故，受了伤，我们正在照顾你。”

她接着说：“我们不得不截去了你的右腿。”

我恍惚地起身看着床尾，原来修长的右腿不见了，在大腿创面处裹缠着厚厚的纱布，一片血迹还是渗透了出来，看上去就像一颗白里透红的开心大萝卜。我并没感觉多么难受，因为左腿正痛得撕心裂肺。不久我的主治医师乔伊斯决定再来一次手术，把左小腿也解决掉。天啊，我又得戴上一次麻醉面罩。

丢了两条腿，保住一条命，怎么看都是合算的买卖。这次事故完全是我咎由自取，怪不了别人，也怨不得上帝。经过最初几天沮丧后，我意识到与其永远在轮椅上怨天尤人，还不如振作起来干一番事业。所谓失败者只不过是放弃自己的人。我才 21 岁，后半截人生将如何度过，我得好好琢磨琢磨，比如就从驾驶飞机开始吧。

只要伤口愈合好，佩戴上假肢，学会不用拐杖走路，最好还能跑跳，重新学习飞行，说服空军官僚们让我考试，然后就能拿到执照了。这并不困难！

现在回想起来，比越狱简单多了。

“当您意识到失去双腿时，一定是可怕的打击。”小希格奎斯说。

“不。”对这样的常见想法，我的回答坚定而一致：“我从来没遭受任何打击。我应该享受‘joie de vivre’[①]。”

当我能够坐起来写字后，我马上在航空日志上补写了事故当天的条目：“近地慢速翻滚，坠机。大出洋相。”比起失去双腿，在同伴面前丢面子对我的打击更大。

小希格奎斯说：“您真的很坚强。您后来打算如何生活呢？”

“当然是重新学会走路啦！”我说。

1931 年圣诞节前夜，我被转送入一家康复机构。很快我就得到了一支半成品的木质假腿。护士们在我的伤口处打上了石膏，等其干燥定型后再敲下来，以便于修改木腿，同我的肉腿相匹配。那时我的伤口还没有完全愈合，卸下石膏模具时相当痛苦。更要

① 法语，即“生活乐趣”。

命的是，护士们上石膏前忘了刮掉我的腿毛，结果我又顺便“享受”了一次痛不欲生的除体毛服务。

很快我就能借助拐杖起床活动了。这种木质假腿还是百年前的传统工艺，我觉得自己就像斯蒂文森的冒险小说《金银岛》中的瘸腿海盗，看上去既邪恶又滑稽。而且双手拄着拐杖，在地上跳来跳去，除了行动勉强算作自由外，还是什么事情都做不了，我当然很不满意。

天无绝人之路，给我截肢的乔伊斯医生突然来找我，说服我再做一次手术。因为当时病情危重，他使用铡切术做的双腿截肢；而新手术将把创口再“修剪”一下，这样就能适应新式的人工义肢。当然了，我必须又忍受一次术后痛苦。不过好消息是，这次是两条腿一起做，我只用戴一次麻醉面罩就行了。如果能不用麻醉，我倒是很好奇乔伊斯医生到底是怎么个“修剪”法，难道是用锉子在腿上磨几下？

不久我终于回到了皇家空军的阿克斯布里奇医院。这里住满了同我一样因为飞行事故导致的各种伤员。我非常高兴能回到军队中来。虽然同样都是医治断胳膊断腿的病人，但空军医院没有普通医院外科病房里的那种阴暗的哀怨，而是洋溢着乐观和朝气。

很快，最新科技的人工义肢送来了。真是精美的艺术品啊！不仅同我的截肢处完全吻合，末端还有可以穿上鞋的假足，右腿义肢则有人造关节。只要套上长裤，简直同常人无异。

接下来就需要我努力锻炼了。这种新式义肢同木腿那种劣质货完全不一样，刚开始适应起来极其困难。我要么迈不动腿，要么因双腿配合错位而摔倒，就连刚学会走路的儿童也比我更灵活。

我在病房外的走廊上一遍一遍地练习。平滑的地板使我更容易跌倒。当有人好心试图帮助我站起来时，我都婉言谢绝了。我必须学会独立行动，不成为别人的负担。

习惯了假肢，我灵活自如，无论是打高尔夫球还是跳舞都没有问题。

成功的人从不讲述他们的努力经过，因为这个过程满是枯燥和痛苦。我只告诉小希格奎斯，我学会了走路，学会了开车，学会了打高尔夫球，学会了跳舞，还顺便学会了如何讨个老婆。1933年，就在我打算按计划重新学习飞行时，我被皇家空军除名。那时正逢大萧条时期，不景气的浊晦席卷世界。好在一家名为“亚洲石油”①的公司接纳我去他们的办公室。

小希格奎斯问：“那么您后来又怎么回到空军的呢？”

“这还是得益于时局吧。”我说。

希特勒上台后，欧洲战云密布，各国都开始备战。皇家空军急缺人手，于是我持续不断地提交重新入伍的申请。1939年10月，空军飞行学校将我召回进行飞行测试，并学习新型飞机操作。这

① 亚洲石油公司是壳牌石油公司的合资企业。

比起学走路要简单太多了。当年 11 月 27 日，在失去双腿 8 年后，我终于又独自驾驶飞机重返蓝天。

一登上飞机，我又兴奋难耐，除了完成规定动作外，还不禁在 600 英尺（约 180 米）的低空来了个机身朝下特技。我安全着陆后，发现地面那一众教官的脸都吓白了。我劝他们赶紧给我的成绩单打了个 A，若不让我通过，说不定我还要表演更危险的动作呢！

这个故事对正常人而言，也许是勉励他们自强不息的绝好教材，但我才没有那么崇高，也对为记者们提供所谓“奋斗”事迹的素材毫无兴趣。我不是为了证明什么，或为了得到大众的认可而努力。我只是无法忍受失去驾机飞行的乐趣。当一个人习惯了天空的广阔和自由后，连行走在大街上都会觉得局促，更何况可能永远被囚禁在逼仄的轮椅中，寂寞地腐烂死去。当我找到自己的目标后，一切行动都自然而然，我一点儿也不觉得痛苦，反而充满了不达目的决不罢休的力量。

无腿的飞行员再次登上了战斗机。

“然后呢？”小希格奎斯意犹未尽地问。

“然后战争爆发，”我呵呵一笑：“我这个能开战斗机的瘸腿就变得很有价值了。”

王牌的诞生

一个歪翅膀、一个方块尾，

两个胖腿之间夹炸弹，

玻璃驼峰前长着双下巴，

“斯图卡”实在是臃肿的丑八怪。

长时间的步行消耗了我的大量体力，但我又不敢放慢脚步，一定要在黎明前赶到安全农庄隐蔽，否则很可能暴露行踪。我不自觉地哼起了这首民间流行的打油小调——据说这是辨别德军 Ju-87 式俯冲轰炸机的诀窍，逗得小希格奎斯咯咯笑出声来。

“斯图卡”的正式名称是“容克”Ju-87。当它垂直俯冲时，能够完全瞄准目标进行下扑，因此炸弹落点十分精确。可是“斯图卡”的载弹点在机腹下，所以俯冲时其速度会大幅度降低，正好吸引皇家空军速度更快的战斗机追上来围攻，简直就像追打鸭子一样。

德国空军引以为豪的“斯图卡”俯冲轰炸机。

我说："'斯图卡'是一款很优秀的俯冲轰炸机，对付战术目标很有用，但执行大规模轰炸任务就力不从心啦。"

小希格奎斯难掩好奇地问："您击落过'斯图卡'吗？"

我撇撇嘴道："消灭'斯图卡'可不算本事。可惜'斯图卡'在英国上空并没出现多久，我想打也没机会啊！"

聊着聊着，小希格奎斯问起了我在不列颠大空战期间的第一只猎物。

谦虚可不是我的美德。和平时期，我用飞行特技来展现个人风采，战争期间，当然要靠毁灭敌人来证明价值啰！我非常乐意讲述自己惊险的空中厮杀，而听众们也兴致盎然。在反法西斯同盟一个接着一个失利的当下，这样的故事总归能提升一点儿士气。

敦刻尔克大撤退后，德国陆军停在了法国海岸，但他们的空军可没闲着，一直向英国港口和主要的空军基地发起大规模轰炸。不过战斗机司令部判断这是敌人的试探性进攻，企图扰乱英国人的作战准备，并伺机诱使皇家空军出动提前决战。所以当德机来袭时，道丁上将就像吝啬的葛朗台一样，小心翼翼地使用战斗机中队，绝不冒险同敌人纠缠。即使有大编队敌机突入，战斗机司令部也仅仅派遣少量战机拦截，以保存实力，为最后决战积蓄力量。

1940 年 7 月 11 日，阴雨天气已经连绵数日。在这样恶劣的气象条件下，别说空中激战，就连普通飞行也困难重重。也许将军们会庆幸这一天将比较太平；我则唉声叹气，看来又是一个白拿国家工资的日子。

我刚刚受命担任第 242 战斗机中队的指挥官，驾驶"飓风"式（Hurricane）战斗机。身为中队领导，却一直没有战果入账，这使我十分焦虑。我的手下们也对我有些怀疑——毕竟，我是一个无腿的家伙，能有多大能耐呢？我急于为我的战争祭坛找到一个合适的牺牲品。

大约黎明时分，我正在值班，电话铃声突然响起，我蹭地一下从单人沙发上跳起来。电话是第 12 大队指挥部打来的：一架“道尼尔”Do-17 轰炸机正在攻击克罗姆[①]，并对一处探照灯阵地进行扫射。指挥部要求我立即派遣一支飞行小队起飞拦截。

那个时候我们还在用死板的“V”型编队，即一支小队要起飞 3 架战斗机。我回答道：“不行，天气太坏了。我一个人出发。可能我一离开机场就会失去无线电联络，所以我将一直朝海边飞，然后左转接近克罗姆。如果什么都没发现，我再返回。”

挂断电话，我囫囵咽下一两块儿小圆面包，仰头灌下一杯浓咖啡，一把抓起夹克冲出休息室。门外正下着倾盆大雨，能见度极差，可我管不了这么多。既然敌人的轰炸机能来，我也能上去揍它。

地勤军士熟练地帮我背上降落伞包、绑紧座带；当我启动飞机，向他伸出大拇指后，军士移走了垫木。我驾驶着飞机滑过泥泞的草地，然后轻轻拉起操作杆，呼啸着冲入乌云之中。

该死的德国佬，我来了。

我径直飞向克罗姆，但这只是一个大致方位。敌机当然不会原地不动，要在阴云的遮蔽下从广袤的天空里找到一架渺小的飞机，除了要有好眼力外，还得祈祷运气降临。

然而我就撞上了这份运气。目标正沿着海岸线飞行，细长的机身就是这架“飞行铅笔”[②]最明显的识别特征。

很好，敌方飞行员还没有觉察到自己已经被盯上了，依旧保持飞行线路，未作躲闪动作。我猜测他们的 4 个机组成员大概十分放松，以为在这样的天气里可以安然返回基地。

我难以估算敌机距离，大约不到 2000 英尺（约 600 米）吧。

① 英国东部的海滨小镇。
② Do-17 的绰号。

我紧紧握着操作舵，将右手拇指轻放在机枪发射按钮上，抑制住按下去的冲动，决定靠得近些，再近些。

肾上腺素似乎正在节节飙高。我非常精确地控制住战斗机，将敌机一直牢牢锁定在瞄准镜内。我的视力也变得犀利无比，几乎能看见 Do-17 尾部机的机枪手正四处张望。

到距离约 250 码（约 230 米）时，我将反射式瞄准镜重置为 200 码（约 180 米）范围。就在这时，Do-17 发现了我，并首先开火。不过，德军的双引擎轰炸机有个极大的缺陷，即缺乏自身火力保护，这一点让我捡了大便宜。当我从后面的有利位置发动攻击时，对方往往只有 1 挺机枪能够还击。倒霉的德国机枪手还得在时速 200 英里（约 320 公里）的飞机内手动调整枪姿，手动瞄准射击。

子弹向我袭来，但我没有躲避。我提醒自己，我的正前方有 12 缸金属引擎的保护，还有一道坚固的防弹挡风玻璃[①]，机上还有 8 挺机枪，对付 Do-17 绰绰有余。放松，放松些。其实，这架 Do-17 在仓促间发起的射击对我毫无威胁。

我立即回敬了一个连射。8 挺机枪同时开火，密集的弹雨向敌机奔去。

敌机开始向左急速倾斜转弯，但是仍在云层之下；调转 180 度后，它开始向云层小角度爬升，企图钻进云雾躲开我的攻击。就在它溜进积雨云层中之前，我发射了第二串子弹。

我紧跟着敌机逃跑的方向追去。可云雾太浓，我还是失去了目标。寻了一阵不见敌机踪影，我只得怏怏地返回。

见鬼，我肯定击伤了它，一串子弹击中了它左翼侧的引擎，另一串子弹粉碎了它的座舱罩。遗憾的是，我并不确定它是否被击

① 这得感谢英国空军上将休·道丁。战前因为预算问题，战斗机并未配备防弹挡风玻璃。道丁对此非常不满，言辞犀利地说服批准预算的官僚们同意加装该防护装备。

落，看来在我的新“飓风”战斗机上画上击坠标志还得等一段时间。

我垂头丧气地回到休息室，却惊讶地见到满屋的战友们情绪高昂地向我施以热烈的掌声。原来警戒观察大队已经发来报告，目击一架 Do-17 坠毁在克罗姆附近海域。记录时间正是我攻击那架敌机的时刻。

我感到一种前所未有的兴奋。如果说“飞行”是一种令人上瘾的“药”，那么驾驶飞机“战斗”就是使人欲罢不能的“毒”。消灭法西斯飞机，这是我的事业，更是我的乐趣。

战争还是和平，这是个问题

小希格奎斯叹了口气：“其他英国人大概同您一样，从来不曾放弃。坚持下去，总会成功的。我们法国人太快就投降了。”

话虽如此。其实这些天来，通过与法国人的接触，我发现大多数法国人并非如我所想的那样不堪。法兰西人民依然很有反抗精神，他们只是一时之间被德国崭新的“闪电战”战法快速击溃，战争“意识”受挫，但人民“意志”尚存。

“当联军从敦刻尔克撤退后，我认为你们很快就会同希特勒媾和。想不到英国人竟然如此顽强。”

1940 年 6 月 22 日，法国签署了投降书，法兰西战役以德国的全面胜利而结束。但是预期之中的不列颠战役却姗姗来迟。希特勒出乎意料地停止了入侵的步伐，利用各种渠道频频向英国发出和平信号。7 月 19 日，希特勒在柏林的克罗尔歌剧院当着德军高级将领和各国外交使节的面，发表了最终的“和平演说”。

演说的内容经过同声翻译，通过广播传遍了整个世界，小希格奎斯一定听到过。我当时正在伦敦，陪同妻子希尔玛去往公寓附近的“威尔斯杂货铺”购买必要的生活储备。

从敦刻尔克撤退之后，德国空军开始对英吉利海峡沿岸的空军基地和运输船队展开轰炸。这场轰炸规模庞大，但毕竟战场是在20000英尺（约6100米）的高空，轰炸目标也都为非民用设施，所以尚未影响到普通百姓的日常生活。但谁又能保证纳粹那帮疯子以后不会对平民痛下杀手呢？我随时都可能牺牲，万一我不在了，但愿满屋的生活必需品能帮助希尔玛渡过难关。

我和希尔玛刚踏进威尔斯先生的店铺，尖锐的空袭警报声就响起。不久雪片般的传单从天而降，仿佛圣诞夜的鹅毛大雪。我顺手接住一份，发现上面的内容也很“温馨”。

这张传单书本大小，标题用大大的黑体字写着“和平”，内容充满了希特勒式的演讲魅力，而无他惯有的歇斯底里风格。

“英国说战争必须进行下去！但这不是人民的声音，而是政客的声音。元首对这种毁灭整个国家的无耻政客深感厌恶……丘吉尔会去加拿大，那些特别热衷于战争的人也早把他们的金钱和子女送去了加拿大。但是千百万人民将开始遭受大灾大难……一个伟大的帝国——一个元首从来也不想毁灭，甚至不想伤害的伟大帝国，将遭到毁灭……现在，元首觉得在良心上有责任再一次呼吁英国和其他国家拿出理智和常识来。德国并不是乞求恩惠的战败者，而是以理智的名义说话的胜利国。德国实在看不出为什么要把这场战争继续下去。”

传单的背面则罗列了德国强大的空军实力和英国不堪一击的空军现状，督促我们要阻止丘吉尔一意孤行，给予英国光荣的和平，否则就只有像法国那样接受屈辱的投降这唯一一条路了。

我仿佛看见希特勒正挥舞着橄榄枝，面向海峡挤眉弄眼，自以为能使英国就范。

行人们纷纷驻足开始阅读这些传单，有些人开始讨论是否应该接受德国的提议。

威尔斯先生也从店铺里跑出来看热闹。他是个与世无争的好老头儿，自从我和希尔玛结婚买下这套公寓后，就一直在他的店铺里购物。在上一次大战中，他失去了2个儿子，老伴儿也在经济大萧条中病死。

他从地上捡起一张传单，扫了一眼，就愤怒地将传单撕得粉碎："和平？我们同希特勒那个疯子不可能有和平！不列颠列岛已经有1000年没有外族入侵了，拿破仑做不到的事情，希特勒更不可能做到。你说呢，卫德少校？"

我耸耸肩，大概没几个人会像威尔斯先生这样把传单当回事儿。不过……这张传单说得还真该死的对！

世界上从来没有哪个领导人会将自己的战略构想在正式出版的书籍里面清清楚楚地写出来。但只要看过希特勒的《我的奋斗》，人们就会知道，纳粹德国的最终目标是红色苏联，共产主义才是国家社会主义不共戴天的仇敌。第三帝国的战略仅仅是占领欧洲大陆，在欧洲得到威廉二世和俾斯麦的"生存空间"。德国同英国没有不可调和的矛盾，德国得到大陆，英国得到海洋和海外殖民地。英国是"德意志的兄弟国家"，盎格鲁－撒克逊人是同日耳曼民族一样高贵的"优等民族"。

《我的奋斗》白纸黑字地表明了希特勒并不希望同联合王国作对到底。干掉我们，德国不但得不到什么直接好处，反而会使英国在全世界的殖民地被美国和日本不费吹灰之力地接收，这样又助长了2个竞争对手。

正如传单所言，希特勒已经多次公开表示要同英国达成和解。所以从法国撤退后，我们完全有机会同纳粹签订体面的和平协议。

不错，希特勒是恶棍、骗子、无赖，但大英帝国已经并且还将同无数其他恶棍、骗子、无赖们继续合作，为什么偏偏不能容忍希特勒呢？难道我们真的将被丘吉尔的执拗拖进战争的深渊？

从军事实力上看，虽然德国陆军可以横扫皇家陆军，但皇家海军可以封锁英吉利海峡，使英德两国的陆军无法交战。所以，决定战局的是空军。如果德国人掌握了制空权，他们就能够轰炸皇家海军，掩护登陆部队强渡海峡，就算有一个装甲军上岸，英国人都可能守不住。反过来，只要我们牢牢掌握不列颠的制空权，希特勒就不能也不敢发动登陆战役。只要遏制住纳粹的进攻势头，英国人就可以静观其变，等待美国人的支援；甚至更妙，期待德国人调转枪头入侵苏联。

然而细看空军力量，在 7 月份空战开始前，全英国共有 57 个战斗机中队，共有各型号战斗机 684 架[①]；而德国大约有超过 3000 架飞机，其中轰炸机近 1800 架，战斗机 1200 多架。

更糟糕的是，德军飞行员很多都是曾参加过西班牙内战的“秃鹰军团”飞行员，又经过波兰战役和法兰西战役的洗礼，个个身经百战，经验丰富。相较而言，我们的飞行员就要稚嫩不少。

比这还要糟糕的是，我们甚至没有足够的飞行员。就算飞行学校将毕业标准降低到令人发指的程度，也难以在短时间内满足战斗机部队的需求。为了赢得这场空战，我们需要奇迹，以及……飞行员。

两相比较，英国人实在没有胜算，“理智”的选择当然是同希特勒停战。

是的，我们曾经“理智”过。前首相张伯伦为了避免英国流血，选择了向纳粹德国绥靖，却换来德国在西线发动进攻的消息。这一次希特勒主动呼吁和平，只是他另一次声情并茂的戏码。在我看来，为了蝇头小利的“理智”其实是鼠目寸光的“愚昧”。

① 关于当时皇家空军的作战力量，各种不同资料的数据略有出入。

我回答威尔斯先生道："就算同撒旦媾和，也绝不同希特勒谈判。诚然我们赢的机会不大，但我们也有很多优势，只要组织得当，胜负未定。"

"更重要的是，"我补充道："就算玉石俱焚，我们也要抵抗到底。纳粹不仅仅要杀死我们，还要杀死我们的思想，破灭我们的未来。大英帝国是世界文明的领导者，我们不能放弃高贵的荣誉同纳粹苟合。1938 年我们在慕尼黑已经错了[①]，我们不能一错再错。不是人民一定要选择丘吉尔，而是选择了敢于战争的丘吉尔。我们必须选择一位绝不谈判，绝不投降的领导人。"

"你说得对！"威尔斯也激动起来："这真是不能容忍！噢，我们整个国家，居然被希特勒当白痴一样给骗了。我当年还曾为张伯伦的政策欢呼呢。可是我得到了什么？上次大战太残酷了，我们都害怕战争。"

说到这里，威尔斯不禁湿了眼眶。我知道他又想起了他的两个儿子，大的那个在马恩河的战壕里死去，小的那个在索姆河的铁丝网前阵亡。

希尔玛安慰着威尔斯先生，我则再次念想起自己的父亲。哪个英国家庭没有遭受过战争的创伤呢?

我们曾经幻想上一次大战是"结束一切战争的战争"。事实上，我们越害怕战争，就越有战争狂人欺凌我们。为了避免更多的创伤，我们不得不再次拿起武器。

小希格奎斯说："当时我听到希特勒的演说后，以为英国人肯定会同意讲和的。不过 BBC 的播音员很快就让我放心了。他对希特勒的回复是：'我们要把它扔还给你，塞进你那张臭嘴里。'

① 1938 年英法同德国签订《慕尼黑协议》，这是一份以出卖捷克斯洛伐克的利益换取而来的虚假的和平承诺。这是绥靖主义的顶峰时期。

英国人还真幽默。”

搁浅的海狮和乱舞的秃鹰

1941年7月，德军统帅部根据希特勒的授意，制定了大规模入侵英国的计划。这个命名为“海狮”的作战方案充分发挥了德国陆军的优势，一旦登陆成功，势必横扫不列颠。如果德国人从海峡的最窄处加莱出发，那么其登陆点离伦敦只有不到70英里（约110公里），英国人只怕连一个星期都扛不住，到时候就算是波兰人和法国人都可以嘲笑我们闪电亡国了。

万幸，这个雄心勃勃的计划还停留在纸面上。横亘在法国和英国之间的海峡使希特勒面临着莫大的困局。

实力占优的皇家海军派遣了800多艘各类型战舰，不分昼夜地在海峡的洋面上巡逻。而德国海军是绝对不敢贸然冲进海峡同我们决战的。但是希特勒手上有新时代的武器——飞机。用俯冲轰炸机实施精确投弹，势必能消灭皇家海军。当然皇家空军可不同意，必然奋起反击。于是为保障“海狮计划”成功，逻辑推演的最顶端就是消灭英国空军——“鹰日”攻势就应运而生了。

在“秃鹰”乱舞期间，德国空军利用所有兵力，首先攻击了英国的空军基地、地面后勤系统、飞机制造厂；当皇家空军战斗机前来拦截时，德国空军又利用战机的数量和质量优势，在空战中消耗皇家空军。行动的终极目标就是全面夺取制空权，消灭皇家空军有生力量和再生产能力。①

① 希特勒下令全面空袭英国的“第17号作战命令”内容比较复杂，但其要点大致如本段所述。

“鹰日”计划正式启动，皇家空军的空军主力配置地区遭到突袭轰炸。

小希格奎斯对战役的过程很有兴趣，一再催促我多讲讲我们是如何战胜德国人的。战胜？也许可以勉强这么说，因为德国空军毕竟没能取得不列颠的制空权，没能消灭皇家空军，自然也没能实施“海狮计划”。但另一方面，德国人也没有失败啊！他们的空军实力依然强大。一旦德军战胜了苏联——目前看来是很可能的——戈林元帅就能调转矛头重启空战，慢慢拖死我们。一想到这儿，我就不免急躁起来。我可不想在战争的高潮时只能在舞台下看热闹，必须尽早潜回祖国再次战斗呀！

不过小希格奎斯的问题倒使我系统地回想了当时我们能顶住德军攻势的原因。我曾一直认为这是我们 50 多个战斗机中队决死战斗的胜利，但似乎又没那么简单。我的顶头上司，第 12 空军大队的指挥官马洛里少将曾半开玩笑半认真地对我说，不要只知道战斗、玩特技，还要关注空战之外的情况，这是高级将领必备的素质。（这话像是要提拔我的意思吗？可我对指挥官们之间的钩心斗角不感兴趣，只希望多消灭几架纳粹飞机，多画上几道击坠标志。）

为了完成“鹰”袭行动，纳粹德国独一无二的“帝国元帅”戈林一共调动了 3 个航空队参战。第 2 航空队由阿尔贝特·凯塞林元帅指挥，驻扎在比利时首都布鲁塞尔附近，任务区域是英国东南部；第 3 航空队的指挥官为胡戈·施佩勒元帅，驻防在巴黎市郊，任务区域是英国西南部；第 5 航空队驻地是挪威，司令官是……我一下想不起来了。算了，这个航空队实力本来就弱小，战损也很大，蹦跶没多久就退出了不列颠战役。3 个航空队共计 3000 多架各型飞机，其中 60% 都是轰炸机，其余为战斗机和少量侦察机。

英国的主要防御力量是战斗机部队。总指挥为休·道丁空军上将，指挥 4 个战斗机大队。其中第 11 大队司令是帕克空军少将，负责不列颠岛的东南地区，包括最重要的地域——大伦敦区。第 12 大队，也是我所属部队，司令是马洛里空军少将，负责英国中部地区。这 2 个大队肩负了抵御德军进攻的大部分任务。

从统计数据上看，德军的实力几乎是皇家空军的 2 倍。不过其中真正能够威胁到皇家空军的战斗机只有 1000 多架。虽然数量上仍然超过我们，但同法兰西战役不同，这一次皇家空军主场作战，首先在航程上就占了便宜，可以进一步缩小双方差距。

另外我们还配置了高科技电子设备——雷达。在德军进攻前，英国已经建立了一套完善的雷达系统。德国空军只要进入海峡，雷达站就能及时发现，并引导我们的战斗机中队有的放矢地拦截，不再瞎猫碰运气，这样便大幅降低了进攻方的战术主动优势。

除此之外，我们的军工厂也夜以继日地生产着战斗机，及时补充损失。唯独飞行员不是能在生产线上批量培训出来的，所以道丁上将要求我们千万不要逞能，万一被击中，保命要紧，不要试图保存飞机。即便如此，随着越来越多的战友牺牲或负伤，司令部还是不得不派出飞行时间才 10 多个小时的新手上阵。我的上帝，就算拿汽车驾照也没有比这更快的了！

在战斗中，偶尔我会发现我们的情报准确得惊人，按理说雷达毕竟是个粗糙货，不至于如此精准。我曾好奇地向大队指挥部询问情报来源，可是那些参谋们并不清楚，只道是上级下传，肯定没错[①]；马洛里少将则直接建议我少说废话，多干活儿。

1940 年 8 月 13 日，随着德国空军倾巢出动，不列颠战役中最困难、最危急的时刻到来了。

德国人似乎突然摸到了皇家空军的命门，那就是消耗我们的战斗机，破坏我们的机场、雷达站、工厂和战争潜力。

8 月 13 日至 23 日，德军对皇家空军防御体系进行了全面轰炸。据统计，一共有 12 个空军基地被炸毁、6 个雷达站失去功能，1 个指挥中心被炸，以及 7 个飞机制造厂遭受不同程度的破坏。

8 月 23 日后，德军又开始对镇守英国南部的第 11 大队开始重点轰炸。皇家空军也及时调整战术，由性能较好的“喷火”式战斗机对抗敌人的护航战机，“飓风”式战斗机重点消灭轰炸机群。

皇家空军的“喷火”式（上）战斗机与“飓风”式（下）战斗机。

那是一段异常混乱的日子。即使到了不列颠空战结束后进行战役复盘，复杂的战斗记录仍使我晕头转向。大概只有等后世的历史学家一条条比对敌我双方的战报才能厘清头绪了。

① 这当然是英国情报工作的成果了。

但如果真相信那段时间的双方战报，我们就会奇怪地发现皇家空军早就被全灭了两三遍，而德国的戈林元帅也已经变成了光杆司令。这也不奇怪，在战事胶着时，往往有两人宣称击落了同一架敌机。理得清的，这战功就算一人一半；理不清的，战果统计就翻倍。还有些敌机仅仅是受伤，有时也会被认定为击落。道丁上将对统计数据中的水分一清二楚，但他不仅没有彻查，反而还通报给新闻界，通过报纸、广播大肆宣传。无论如何，夸大的数字无疑是有利的——一方面使我们信心倍增，另一方面对作战的负面影响却不大：只要天空中还有德机飞来，我们就得战斗。

不过同样的误差对戈林而言就不那么愉快了。每日战斗结束后，他肯定都会得出皇家空军已经完蛋的结论，但第二天还是有源源不断的“幽灵”战斗机拦截他的轰炸机编队。这一定极大地误导了他的判断，干扰他制订下一步战略战术。

德军的重点空袭又持续了2周。皇家空军无论是人员还是装备，无论是基础设施还是维修生产，都达到了功能的极限。我们已经被压得喘不过气来，随时可能窒息。只要德国佬的铁手再多掐一会儿……

对于我认为这段时期是英国最困难、最危急的时刻，小希格奎斯稍微有些不解。在他看来，德国人从9月7日开始空袭伦敦城，轰炸人口如此密集的大城市，这才是连上帝也会震惊的罪恶。

1940年9月7日，德国空军突然全面转移空袭目标，从皇家空军的机场、后勤基地和飞机制造厂转移到了大城市。尤其，他们将矛头指向大英帝国的首都——伦敦。

“啊，太可怕了。我每天都在收音机里听BBC的广播，为你们祈祷。”

我知道，巴黎是不设防的城市，法国人无法理解首都遭受如此惨重损失，英国人是怎样坚持下来的。表面上看，轰炸伦敦是极其厉害的一招，不过现在回想起来，这也是希特勒最大的败笔。如果德国空军能坚持“鹰”袭行动，结局也许会大不一样。

梦魇

小希格奎斯和我聊兴正酣，脚底却一点儿也不慢。如果在天亮之前不能抵达农庄，我这身军服就太醒目了，即使没有被德军发现，也可能被当地人告密揭发。

“您为什么还要穿上皇家空军的军服呢？这也太惹眼了吧！”小希格奎斯有些埋怨道。

我笑道：“我总不能穿着病号服到处乱跑啊！”其实真正的原因是，万一我再次被捕——这是很有可能的——我必须保留自己作为军官的尊严，并且避免被德国人以间谍罪为借口把我就地枪决。我可不能指望德国宪兵队有加兰德上校那样的骑士风度。

天刚破晓，我们终于安全抵达农庄。

小希格奎斯谨慎地扫视了四周，才蹑手蹑脚地拉开门闩。一条牧羊犬警觉地跑来，小希格奎斯急忙搓搓它的头，打发它回狗舍里去。很快四周又恢复了静谧，只有农庄小舍里的灯亮了起来。

等我走近时，老希格奎斯夫妇早已在门口等候。小希格奎斯交代几句后，就同我握手告别。借着黎明前的微弱晨光，我才看清他那张青涩的面孔，看上去就像一个刚刚高中毕业的大男孩。我向他道谢，他还有些不好意思。我似乎又看到那些坐在休息室里等待起飞命令的年轻人。不论我们现在遇到多大挫折，只要有年轻人不放弃，战争的进程就不会如希特勒所愿。

他应是同抵抗组织接头去了。我在农庄只是暂时隐蔽，必须尽快被移交到抵抗组织那里，他们将安排我返回英国的下一步行动。我没有向这个家庭询问具体的计划，我充分信任他们，而且我知道得越少反而越好，万一最坏的情况发生，也是对他们的保护。

老夫妻请我进入屋中，我一眼就看见了餐桌上备好的丰盛早餐。一顿大快朵颐，一斗法国烟丝之后，眼皮便不知不觉地耷拉下来。整整一夜没睡，我实在是累坏了。

“亲爱的，快醒醒，德国人来空袭了！”一抬眼，妻子希尔玛正拼命地推搡着我的身体。

我打着哈欠，眯缝着眼从窗口望出去。原本熟悉的伦敦此时已变成漆黑一片，而天空却被平时隐藏在楼宇中的探照灯照得犹如白昼。无数光束就像一柄柄光剑，在空中胡乱挥舞。几百个硕大的阻塞气球用钢索系着，静静地漂浮在 5000 英尺（约 1500 米）高的半空中。这些气球鼓鼓的身躯，装着十字尾翼，看上去就像特大号的航空炸弹。

不列颠空战初期，伦敦上空的阻塞气球。

此刻伦敦安静得出奇，我被这片黑幕包围着，好像在等待一出即将开场的大戏。忽然，这些轻飘飘的阻塞气球渐渐映现出“乒”

形来，白色的气球紧接着变成了铁黑色的超级炸弹。这时天空中传来希特勒沙哑而疯狂的声音：“我要将伦敦从地图上抹去！”所有的炸弹接到了这来自地狱的命令，齐刷刷地砸向地面。“轰隆！”，整个伦敦刹那间变成了火的海洋。这难道就是《启示录》里所描述的世界末日吗？烈火很快包围了我们，希尔玛雪白丰满的身躯渐渐发红，发黑，最后犹如一摊黏稠的沥青融化在地板上。

我一个激灵，从噩梦中惊醒。看着老希格奎斯夫人担忧的眼神，解释说：“抱歉，我刚梦见我的妻子了。我们的家在伦敦。”

“那些日子一定够你受的了。”希格奎斯夫人说。

是啊，对大部分英国人而言，很长时间以来，战争要么发生在遥远的殖民地，要么绵延于隔海相望的欧洲大陆，要么被皇家海军终结于大洋之上，几乎对本土平民不产生任何影响。当纳粹空军的航空炸弹在 1940 年 9 月 7 日真真正正地落到伦敦市内后，就连我也不知所措，甚至怀疑 2 个月前我们是否真应该接受希特勒的和平议案？

试想，当无数高爆弹、燃烧弹，甚至毒气弹如雨点般砸向普通市民时，伦敦陷入一片火海，致命毒气四处扩散，社会秩序陷入混乱，城市化为死城，会是怎样暗无天日的光景？如果连正常的生活都不能保障，遑论维持军工生产；如果连社会结构都即将瓦解，又何谈维系军队、坚持战斗？

杜黑在《制空权》中将这一切都明明白白地预言了，德国佬则打算将预言变成现实，打垮英国人民的抵抗意志，迫使英国政府投降。

然而一个星期过去了，伦敦依然顽强挺立，英国人民也如常生活。我向大队请了一天假，返回伦敦看望妻子。

由于连续几个月高强度出勤，有时一天甚至要升空三四次，加之目睹大量战友负伤或牺牲，很多飞行员的精神都高度紧张，有些人还得了焦虑症，严重影响了士气和战斗效能。因此，战斗机司令部并不禁止飞行员请假。9 月 14 日，完成了一天的战斗任务后，我决定返回伦敦一天，探望在连日空袭中担惊受怕的妻子。

“亲爱的，快醒醒，德国人来空袭了！”

半夜里，窗外明晃晃的探照灯将原本漆黑的天空照得雪白一片，尖锐的防空警报震耳欲聋，催促着人们尽快隐蔽。我快速瞄了一眼座钟，才凌晨 2 点。看来我的德国同行们不仅没有休假，就连夜晚也要加班啊！

希尔玛推来轮椅，试图扶我尽快转移到轮椅里。

“别愣着，我们得赶紧躲进防空洞！”妻子焦急地催促道。

我对希尔玛说：“坐轮椅没办法穿军装，把我的义肢拿来。”

希尔玛幽怨地看了我一眼，还是默默拿来了义肢。

按照疏散计划，我们所在的社区被安排在一条街外的地铁站内躲避空袭。这些天来，由于每天都要跑好几个来回，希尔玛对这条路线已经很熟悉了。她背起早已打包好的旅行包和手电筒，并将部队配备的挎包和防毒面具递给我，拉着我就跑出房门。

在出房门前，我还没忘记顺手带上从不离身的烟斗。希尔玛边跑边说：“防空洞里不准吸烟。”我没有回答，因为我根本就不打算长时间待在防空洞里。虽然尚在休假中，但作为皇家空军第 242 中队的少校中队长，在敌人来袭之时，我没有权利待在安全的防空洞内，却看着战友们在天空中拼死搏杀。

我们刚冲出公寓楼，一枚炸弹就在街道的另一头炸开了。不好，似乎落在了威尔斯先生的杂货铺门前。他是个可怜的好人，我真担心他。

骑士精神在现代化的武器怪兽面前已经轰然倒塌。杀人，杀更多无辜的人；破坏，破坏更多的民用设施，这就是战争的所谓“现代化”和“进步”。

第二颗炸弹的着弹点离我们更近了。一股灼热的巨大气浪裹夹着尘土砂石将希尔玛和我淹没。

我并不害怕战争和死亡。作为军人，我早已见惯了战友的死亡：要么战机燃起大火，要么直接爆炸；要么降落伞没能打开，要么落入英吉利海峡。或者更倒霉：变成一团火焰，从空中落进海里，兼具烧死、摔死、淹死三种特征。但这并不可怕。在广阔的天空中，我是自由的战士，自己的命运由自己掌控。然而现在，一种从未体验过的恐惧将我包围。

我的眼睛看不见，只有黑暗；我的耳朵听不见，只有轰鸣；我的鼻子嗅不到，只有硝烟；我的皮肤感觉不到，只有麻木；我的舌头尝不出，只有苦涩。我被剥夺了一切感官，仿佛被撒旦囚禁在狭仄的伦敦街道里面，动弹不得。

“道格[①]，快跑啊！”希尔玛几乎拖着我向前飞奔。

我可以在起飞命令发出后，5 分钟内从飞行员休息室跑到飞机上启动发动机，但那是在空旷的草坪上。然而这里是街道复杂的伦敦市区，前几天轰炸后的路障还没有清理干净，我总是要在几乎倾倒时，才能感觉到有障碍物拦在脚下。两条义肢也老不听使唤，时时落在我的身体后面，我必须在拼命地撒腿狂奔和小心地注意路面的矛盾中，踉踉跄跄地跟着希尔玛。

希尔玛和我终于安全地踏进地铁站。

这时，耳旁开始充斥着不同于航空炸弹爆炸的“咚、咚”声，这是我们的高射炮在发射。希尔玛曾对我说，俱乐部的姑娘们就喜欢听这种声音，因为她们觉得这是反击的证明，声音越大越觉得安全。不过我捏捏她的脸蛋告诉她：“傻姑娘，高射炮击落的敌机屈指可数，是你的丈夫在你看不见的高度保卫大英帝国呢！”

① 即道格拉斯的昵称。

说句实话，我并不喜欢那些高射炮。有些炮兵不懂分寸，见到飞机就开火，我还得时时提防来自地面的威胁。不过从希尔玛的反应看来，实际感觉到的保护才是最可靠的。哈！原来防空炮的主要功能就是维持人民士气。

“糟糕！”我突然大喊一声。

希尔玛惊魂未定，紧张地看着我。

我拍拍裤兜说：“没带钱包，你有钱买车票进站[①]么？”

希尔玛终于被我逗乐了。

地铁站的组织相当良好，来自不同街区和大楼的人们按照事先划分的区域安顿下来。虽然地下的灯光十分昏暗，空气也很浑浊，但人们早已习以为常，各自安静地坐在地上，有的在打盹，有的在窃窃私语，唯一的生气来自几个小孩子。尽管已经是半夜，但他们毫无睡意，在人群中疯闹，甚至还在地上摊开了玩具。

伦敦市民在地铁站中躲避空袭。

① 在空袭初期，伦敦东区的地铁站禁止工人们进去躲避，于是工人们开动脑筋，直接买票进站。最后禁令便不了了之。

我们找了一席靠墙的空地。希尔玛变戏法似的从旅行箱中拿出野餐布铺在地上，外加两个软垫靠背。

我看了看手表，此时是凌晨 3 点多。待这一轮空袭结束后，我就想办法找车回基地。

伦敦毫不在乎

“巴德少校，来，请品尝我刚刚烘制的马德拉蛋糕吧。哦，巴德太太，您也请。”威尔斯先生不知从哪儿冒了出来 。

“谢谢你，威尔斯先生。”妻子犹豫了一会儿，接着说：“不过我可能要告诉你一个坏消息，我们进来之前，看到一颗炸弹在你的店门前爆炸了。”

“噢……”威尔斯顿了顿，“好吧，只要房子没垮，我再清扫清扫就行了。幸亏我带了蛋糕出来。本来计划放在橱窗里卖呢，还好没有浪费。”

“哦，我还带了一壶‘让人兴奋但不会让人醉的饮料’[①]呢。”希尔玛笑眯眯地从旅行箱里摸出一个大保温瓶，完全忘记了刚才的不快。

我们席地而坐，慢慢品尝美味的蛋糕和红茶，享受着这地下的晚茶时光。无论时事多么艰难，英国人的优雅传统从来都不会被遗忘。

地铁站外的炮声和爆炸声渐渐稀疏下来，最终完全停止了。很快广播里传来空袭警报解除的信号。人们拍拍身上的灰尘，纷

① 即茶，语出英国诗人威廉·古柏。中国茶叶于 17 世纪开始传入英国，成为贵族的饮品，后来大量替代酒精，受到民众广泛喜爱。

纷收拾物品准备回家，就好像什么事情也没发生过一样。几个年轻女郎正讨论着再去牛津大街购物呢还是到电影院看新上映的《蝴蝶梦》；老人家则一个劲儿地摇头：礼拜日怎可不去教堂？

我忽然想起了一则笑话。有家报纸组织了一次问卷调查：目前什么情况最令人心情沉重？结果，大部分调查者回答道："9月份了，天气还那么热。至于轰炸嘛，是有些麻烦，算是第二位吧。"

位于伦敦肯辛郡的"荷兰屋图书馆"几乎被炸成废墟。
几位爱书者流连其中，仿佛什么也没有发生。

希特勒幻想用大轰炸来瓦解英国人民的士气，可是他大错特错了。恐吓手无寸铁的平民来达到战略目的，这简直就是懦夫的行为。

当机枪和火炮出现后，欧洲传统的骑士精神已经荡然无存。在现代化战争中，没有孤胆英雄，只有集体杀戮；没有骑士，只有蛮人。然而横空出世的飞机成为新时代的钢铁战马，飞行员当化作飞翔骑士，在空战中重新找回失传已久的优雅风度。

可惜好景不长，轰炸机又出现了。通过轰炸机直接打击敌人的后方生产和备战，通过切断战争的血管来结束战争，未尝不是一种新方法。可是一见到德国的 He-111 和 Ju-88 编队，我就总会想起图画书中载着黑骑士的恶龙在宁静的村庄上空吐火的场景，这真让人作呕。

我走出地铁站，抬头向天空望去。东方已经微微发白，一层薄薄的浮云飘在空中，看来又将迎来一个好天气。如果在战前，这真是适合外出的周末。然而此刻，好天气则意味着更猛烈的轰炸。

德国空军转而全力轰炸伦敦而非军事目标，这到底是怎样的战略，着实让人糊涂。戈林的空军是计划通过战术行动消灭皇家空军，获得制空权呢，还是企图利用战略轰炸逼迫英国求和？

经过一夜的空袭，我们的公寓除了被震破几扇窗户外，居然完整无缺。公寓管理员向我抱怨说，现在玻璃特别紧缺，需要配给才能买到更换的。听说丘吉尔首相甚至在议会中建议立即停止玻璃出口，以保障首都的供应。玻璃短缺固然让人困扰，但我真希望国家能更重视飞机制造、飞行员培训、战略物资调配、反登陆防线建设等问题。

我在公寓门口吻别了妻子，赶到最近的公共汽车站。即使在战况最激烈的时候，伦敦的公共交通系统仍然维持运转。我必须尽快赶回位于剑桥附近的达克斯福德（Duxford）空军基地。

两个“残疾”中队长

“嘿，这不是无腿巴德嘛！回来找老婆了，跑得倒是挺快。”

我正等着公共汽车，却见一辆军用汽车“吱”的一声，一个急刹停到我面前——真是见鬼了，这是要举行伤残军人联谊会么！

我回击道：“你好啊，独眼本尼，回基地吗？你现在打德国佬，瞄准倒是很方便啊。”

本尼耸耸肩道：“我要去阿克斯布里奇。他们只让我白天开飞机了，还把我变成了地面飞行控制官。真是无聊透顶。”

“阿克斯布里奇？你调到第 11 战斗机大队指挥部了？本尼，你真不走运！”

“不，我还是在第 41 中队，只是去送个文件。让我和那群办公室的官僚在一起工作，我可受不了。你去哪儿？”

“回达克斯福德呗。感谢上帝，我不用跑着开飞机。”

“你可真让人羡慕！来，上车我载你一程。到了阿克斯布里奇后，让帕克少将帮你找一辆车回去。”

帕克少将！我犹豫了一下。我跟这个新西兰人的关系可不怎么样。虽然没有私仇，但在公事上我们可是两派人。帕克少将和马洛里少将，第 11、12 战斗机大队的两个最高长官现在斗得不亦乐乎。而大家都知道，马洛里是我的上司、伯乐和朋友。不过如果这该死的公共汽车还不来的话，我大概天黑了也回不去。想到这里，我咬咬嘴唇，手撑着车门，跳进汽车里。

“身手不错。坐稳了，我可要把汽车当飞机开啰！”

“闭嘴吧，把你的右眼睁大点儿。”

本尼少校在同德军激战时，驾驶的“喷火”战斗机被机炮击中，他也因之失去左眼。据说他跳伞落地之前，就已经疼昏过去了，能活下来真是奇迹。在受伤前，本尼是第 41 战斗机中队的指挥官。现在同为中队长，他却只能在地上看着战友上天，心里一定不好受。我拍拍本尼的肩膀说：“战后我要开一家航空公司[①]，我做主，免费让你天天飞。”

“大话王。”本尼笑嘻嘻地一拳头打在我的义肢上：“噢，好痛！你的腿真扎实。”

① 巴德战后真的担任了壳牌飞机有限公司的总经理。

逝去的“三位一体”

本尼的军车没能在地上飞起来。他必须小心翼翼地避开倒塌在地面上的残垣断壁。而且很多道路被消防队封锁了，还没有疏通开。我们只能绕道而行。

“天杀的德国佬，竟然投燃烧弹。”本尼一边开车，一边骂骂咧咧。

如果仅仅空投炸弹，还可以辩解作将轰炸军用设施的炸弹不小心落到了平民区里。“飞机那么高，能见度那么低，英国的战斗机和防空炮还干扰我们投弹，怎么可能投得那么准呢。英国人应该放弃防御，在我们的投弹目标上画上大大的靶心，这样技术高超的德国空军就不会投偏了。”纳粹的宣传部长戈培尔博士巧舌如簧，我都可以替他想好一套说辞。可是燃烧弹是赤裸裸的对平民攻击，它的作用就是扩大人员财产损失。如果纳粹再空投毒气弹，我也不会吃惊的。

其实从 7 月初空战开始，德国人还有些绅士风度，将攻击目标严格限制在军用设施范围。但是 8 月 24 日晚，有少量轰炸机突然在伦敦上空投了几枚炸弹。报道说，炸弹炸毁了圣加尔斯教堂，还把附近的约翰·弥尔顿[①]的塑像也给震翻了。照我看来，这应该是一次误炸，不大像有计划的袭击。不过丘吉尔首相极其震怒，第二天晚上就命令皇家空军轰炸机部队空袭了柏林。原先咱们空军也在柏林上空溜达过，仅仅投了些传单，可这一次带了真家伙。听说还炸死了几个柏林市民，把希特勒气得哇哇叫。

于是，战争期间不得伤害平民的戒条终于被打破了。德国空军从 9 月 7 日开始调转机头，大规模空袭伦敦。虽然伦敦遭受了

① 英国著名文学家，《失乐园》的作者。

巨大损失，但马洛里少将有一次却乐呵呵地对我说："幸亏德国佬转身轰炸伦敦去了，否则我们就全完了。"这个逻辑的转变有点儿复杂，我一下子有点儿迷糊了。马洛里解释说："如果德国人持续轰炸机场、雷达站、指挥所、飞机制造厂，英国的空中防御体系就要崩溃了。现在德国人'大方'地给了我们足够的喘息时间，皇家空军就能够组织新的防御力量。伦敦算什么，能用伦敦拖住德国空军的力量，这买卖划算。"

马洛里又指指我的嘴："道格，点到为止。缄默是金。"

"是，长官。"

难道是丘吉尔首相故意夸大德军误炸伦敦的严重性，借此去轰炸柏林，刺激戈林转移目标吗？难道是我们自己将平民装扮成诱饵，引诱希特勒上钩吗？当然，我也只是自己想想。

"前方禁止通行。"在一条必经之路上，我们被一个摇着信号旗的军士拦住了。

本尼探出头来问："怎么回事，没有起火啊？"

军士敬礼后回答道："长官，是延时炸弹。清理队正在拆弹。"

"掉头吧，本尼。我看一时半会儿结束不了。"

"绕路太远了，我可不想浪费政府的汽油。等等看吧。"

我把军士招呼过来问道："听说炸弹清理队都是志愿者？"

军士回答道："是的长官。现在德国人到处投延时炸弹，军方人手不够。所以每个地区都组织了专业的志愿队来拆除引信。"军士顿了顿，忍不住又加了句："不过，现在在前面工作的可是大人物！"

见我们饶有兴趣，军士便继续说了下去："是萨福克伯爵和他的女秘书、老司机组成的拆弹队。他们非常了不起，已经成功地排除了 34 颗炸弹。萨福克伯爵还给他们的队伍起了一个响亮的名字——'三位一体'。"

萨福克伯爵来自英格兰最古老最显赫的霍华德家族。听说在法国战败之前，他们还从法国拯救了一群核物理学家，抢运了一批重水到英国。核物理和重水是什么玩意儿？我可搞不明白，但我必须承认贵族能够同平民一起屈尊做这么危险的工作，确实很了不起，至少比法国那些高级官员强多了。

正闲聊着，却听"轰"的一声巨响从前方传来，远处腾起一片烟雾。

我和本尼对视了一下，心一沉，难道……

混乱中，一行人大呼小叫地从爆炸中心将拆弹队队员们抬了出来。其中两人已经被人用毯子盖上了，还有一位女性浑身鲜血，被送上了救护车。

眼睁睁地，一个传奇贵族就这样毫无预兆地牺牲了。本尼和我惊得一句话都说不出来。

大联队

警察赶来封锁了现场，命我们赶快绕道走开。

看到萨福克伯爵的悲剧，本尼和我再也没有心情聊天，一路无话直奔阿克斯布里奇。

阿克斯布里奇是第 11 战斗机大队指挥部的所在地。第 11 大队负责不列颠岛整个东南部的防御。因为这里离法国最近，而且是首都所在地，自然是德军攻击的重点地区。皇家空军战斗机部队司令道丁上将把几乎一半的战斗机中队和大部分最好的飞机分配给了第 11 大队，同时还任命他最信任的基斯·帕克少将担任大队指挥官。

帕克少将在战前就是空军参谋部的高级参谋，是道丁上将的得力部下。就指挥能力和领导艺术而言，毋庸置疑，他是一位优秀的指挥官。他待人随和，喜欢亲自驾驶飞机到下属中队视察，因此深得基层飞行员的喜爱。然而不列颠空战中，帕克却采用“打了就跑”的战术对付德军飞机入侵。他非常谨慎地使用战斗机，每每只派一两架，甚至只派半个中队去拦截大编队德军。而德军一般采取大队（30 ~ 40架飞机）作为标准行动单位，我们的每个中队才9 ~ 12架飞机，所以总是处于劣势。集中兵力是战争的基本准则之一，小编队逐次参战是典型的“添油”战术。经常有飞行员向我抱怨，他们不得不面对数量超过1倍、5倍乃至10倍的德机，并与之战斗，蒙受了巨大的损失。因此我向马洛里少将提出了“大联队”（big wing）编队的建议：即集中3 ~ 5个中队的战斗机编队飞行，这样在数量上不至于以寡敌众；通过大机群协作撕破德军编队，瓦解对方的攻势，同时减少自身损失。马洛里少将十分赞同我的“大联队”战术，并任命我为编队后的战术指挥官，统一现场指挥多个中队。

可是我的理论遭到了帕克少将的反对，他顽固地坚持原先的战术。哼，我一定要用实战效果来证明他的错误。

秋日的阳光洒在基地的草坪上，宛如战前的和平时光。帕克正独自踱步。他见到我，露出了惊讶的表情：“巴德少校，有何贵干？”

我立正敬礼道：“长官，我要赶回达克斯福德基地。没有车，只好……”

帕克点点头，招呼远处的副官过来吩咐了几句。之后我们竟一时无话可说，颇为尴尬。

终于少将先开口说话：“巴德少校，你的‘大联队’战术在理论上很好，但在实战中完全行不通。大机群编队需要时间，而我们的预警系统只有20分钟，等你们完成编队，德机早就突破防线进入伦敦了。并且编队越大越需要长期磨合训练，在短时期内仓促组合 5 个中队是不现实的。”

我反驳道：‘飞行员们非常愿意尝试新的战术。那种以少敌多的打法只能挫伤年轻人的士气。”

帕克苦笑道：“算了，不争论了。我只希望当第 11 大队求援的时候，你们第 12 大队能及时赶到。别花费过多时间在‘大联队’上搞检阅飞行了，也别自作主张，多听从第 11 大队的地面指挥。我知道马洛里和我有不同意见，但是请注意，这不是 2 个大队的竞争，而是整个英国的战争。”

我知道帕克少将如此懊恼的原因。在 9 月初的战斗中，德军集中力量轰炸了第 11 大队的多个机场。当帕克判断自己无法应对时，会及时呼叫第 12 大队，请求增援。我们当然会立即起飞，不过要在排列好“大联队”之后才进入战场，这时德国轰炸机可能已经轰炸完毕返航了。对此帕克少将当着马洛里少将的面，在道丁上将的办公室里抱怨第 12 大队支援不力，使他的部队损失惨重。这样一来二去，两位少将的关系十分紧张，几乎到了剑拔弩张的地步。

帕克少将的想法自然有一定道理。不过在我看来，机场跑道炸坏了可以修补，机库垮了可以重建，所有的物质损失都是可以承受的；但宝贵的飞行员和战斗机必须珍惜。“大联队”可以用更少的战损消灭更多的敌人，作战效率上是合算的。至于编队困难、耗时，我相信经过实战锻炼，飞行员们将很快熟悉起来，不能因为暂时的缺陷就抛弃如此有效的战术。

帕克少将又叮嘱了好些，但我对他的话始终不以为然。然而作为下级军官，我又不能像马洛里少将那样当面与之顶撞，只好默不作声，结果又致冷场。

马洛里少将雄心勃勃，在这场事关英国生死存亡的关键战役中，他自认为应该承担更重要的任务，并立下足以更上一层的战功。然而道丁上将显然更信任帕克，因此将受到德军重点攻击的英国南部地区的防御任务交给了第 11 大队。这样一来，我们第 12 大队不仅未能独当一面，反而成了帕克少将的后援团。对此，马洛里少将自然心怀不满，决定用自己的方式来作战。当我将“大联队”战术设想向他阐明时，他当即表示完全支持。他高兴地拍着我的肩膀说：“巴德少校，就按你自己的想法好好教训德国佬。我认为这是唯一的取胜之道。”

回想起来，马洛里少将是真的非常赞同我吗？还是仅仅因为我的战术同帕克的背道而驰呢？无论如何，“大联队”根本不适合支援，它是独立进攻阵型。当然我也没有兴趣去帮助第 11 大队，第 12 大队要创造自己的功勋。

这时副官跑来向帕克报告：首相大人突然亲临指挥部观摩。我便正好借机告退，向帕克少将行了个礼，转身离开。

我只听从马洛里少将的命令！

我自己的中队

第 242 中队只听从我的命令！

1940 年 6 月 28 日，我被任命为第 242 中队的中队长。由于大部分飞行员来自加拿大，所以这支中队也被称作“加拿大中队”。这是一支在法国战役中曾被打得丢盔弃甲的部队，极高的伤亡率使飞行员们的士气低落到冰点。当他们知道新来的中队长居然没有腿时，差点要“造反”。不过他们很快就折服在我的领导之下。一个无腿的长官比他们任何人掌握的驾驶技术都要纯熟，击落的敌机都要多，还有什么可抱怨的呢？

我和我的中队成员们相处不错，他们都是优秀的年轻人。

我的领导风格简单粗暴：一切为了战斗。我厌恶繁文缛节和官僚程序。在我的中队里，飞行员们不用遵循连我也记不住的条例和禁令，我对他们只有一个要求：像我一样，无畏地去战斗。

这种粗放的管理模式得到了飞行员们的一致认可。崭新的第 242 中队士气高扬、战功卓著，是第 12 战斗机大队的主力，也是我“大联队”战术的执行核心。

“队长，你可回来了，马洛里少将打了好几次电话，问你回岗没有。”迎接我的是比尔·马克耐特少尉，也是中队的王牌飞行员。“他说据可靠情报，今天德军会发起大规模空袭，比以往任何一次的规模都要大，命令 242 中队全天待命。”

我点点头，问道：“咱们的机身喷上新队徽了吗？”

“喷了，大家都很喜欢你的设计呢！”

官方给我们中队的队徽是一头顶着皇冠的驯鹿。这什么意思？难道就因为加拿大有很多驯鹿吗？我的中队可不是花架子。242 中队的任务在新队徽上一目了然：用靴子狠狠地踢希特勒的大屁股。

马克耐特（右）告诉我（中），咱们的新队徽（背景机身处）受到队员们的一致好评。

达克斯福德是个大基地，除第242中队外，第302波兰中队、第310捷克中队、第611中队也在此驻防。在采取“大联队”作战方式时，这几个中队也归我节制。

此刻这支“欧洲联军”正聚集在休息室外晒太阳。有的在睡觉，有的在看报纸，有的在写信，只有一个新面孔看上去坐立不安，双腿不住地上下抖动。

“别抖了，再晃下去你也要换一对假腿。叫什么名字？”我把这个年轻人叫到跟前。

“报告长官，我叫……亚历克斯·瑟奇亚克。”

“波兰中队的？英语怎么样？上个月就有个波兰中队的家伙英语不利索，坠机跳伞后差点儿被农民当成德国人打死。”

“我的……我的英语很好，就是有点儿……紧、紧张。”他停了一会儿，稳定了情绪后，说话流利多了：“我原来在波兰陆军，后来自愿加入飞行学校。”

这些刚接受培训个把月就上战场的菜鸟基本上都是炮灰。

陆军有句名言：对于一个新战士，最危险的年份是你待在军队的第一年。我应该加一句：在皇家空军，最危险的就是你待在军队的第一周。只要能够在第一周生存下来，战死的概率就会……降低一小点儿。不论多么厉害的王牌飞行员，总有一天都会坠机，只是时间问题。

“首先要保证自己不被击落。永远不要直线飞行超过 10 秒钟，懂吗？保护好自己，保护好长机，我希望明天还能见到你。”

“是，永远不要直线飞行超过 10 秒钟。”瑟奇亚克重复了一遍，又问道：“听说您的双腿是义肢，您是怎么又开上飞机的呢？”

这个故事我讲了无数遍。不过我倒是很乐意为新来的队员进行思想教育。

“如果没有战争，空军不会让我重返蓝天的。你瞧，战争也不总是坏事。”

突然，值班军官从休息室中探出头来高喊：“所有飞机立即起飞。”接着他敲响了警报钟声。

我拍拍瑟奇亚克的肩膀说：“去吧，一定要活着回来。开飞机回来，跳伞后走回来，落到海里搭船回来，都行。”

“我一定会成功的！”

“没错，今天过后你就是有经验的飞行员了。你的合格证应该由德国佬颁发！回来后同我喝杯威士忌，我再跟你说说一个没腿的飞行员怎么讨上老婆的故事。”

毛头小伙子咧嘴一笑，然后飞也似地跑向他的战机。

伦敦上空的“鹰”

我坐上了编号为 V7467 的“飓风”战斗机。

这是开战后我的第三架座机了。正如马洛里少将所说，飞机丢了不要紧，关键是人要保住。我们现在制造飞机的速度远远超过培养飞行员的速度。所以我也一直教导队员们用不着勉强把飞机开回来，该跳伞的时候不要犹豫，政府不会扣工资的。

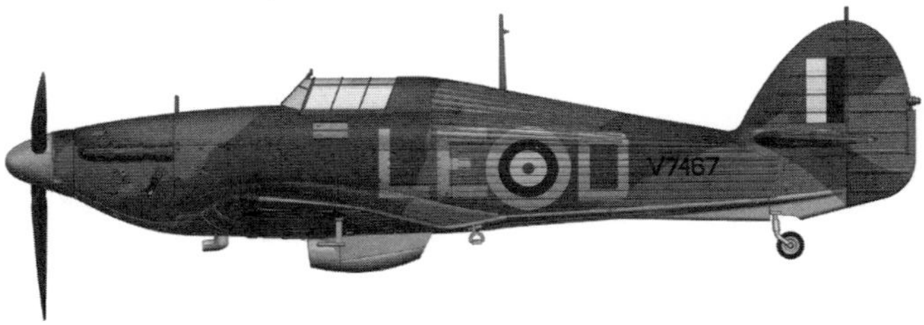

这架“飓风”式战斗机是我开战后的第三架座机。

“驯鹿中队，驯鹿中队，我是‘苦力[①]’，我是‘苦力’，组成‘四指编队’。”

“四指编队”是我们从德国人那儿借鉴过来的飞行编队模式。如果将手掌平放，手指并拢，那么编队中 4 架飞机的位置恰好对应于除拇指之外其余 4 根指头，故此得名。这样的飞行编队相对宽松独立，每一架飞机都能够保护前一架飞机的后方，但是对飞行员的技术要求比较高。而皇家空军仍有部分中队采取老旧的倒“V”字编队。这种编队形式由长机带头，2 架僚机紧跟其后，虽然使部队很容易控制，有利于新手，但缺点是只有长机搜索敌机，僚机只能埋头紧跟长机，不能协助搜索。这样敌机将有更大的概率首先发现我们，从而占据有利攻击位置。

① 巴德使用的无线电代号为“Dogs Body”，汉译为“苦力”。

我们我们从德国人那儿借鉴了“四指编队”模式。

待我的中队组合完毕后，我立即命令第 302、310、611 和 19 中队向我靠拢，再一起组成“大联队”。帕克将军说的没错，把这些技术水平参差不齐的家伙们捏成一个整体还真很困难。不过我们终于成功编队完成，浩浩荡荡向伦敦增援。

“驯鹿队长注意，这里是高帽控制中心，你们的目标是飞向伦敦的轰炸机群。敌机现在距你们 25 英里（约 40 公里），方向东南。航向 120，角度 20。”

“‘苦力’收到。”

很快，我就在编队左下方发现了大批德机。Bf-110 战斗机与轰炸机保持同样高度为其护航，而更灵活的 Bf-109 战斗机以梯状队形在上方迂回巡逻。我的战斗信条之一：比敌人飞得高，就能掌控战斗。由于雷达的准确预报，我们现在处于非常有利的攻击位置。

“散开队形，迅速攻击。”我向编队命令道。

在 9 月 7 日轰炸伦敦之前，敌军的护航战斗机一旦见到皇家空军，便会自由散开同我们搏斗。当希特勒命令德国空军集中轰炸伦敦后，为了保护脆弱的轰炸机，戈林要求战斗机必须围绕在轰炸机周围。这就束缚住了 Bf-109 的手脚，其速度快、灵活机动的优势完全没有发挥出来。对于戈林的配合，我当然十分满意。

这一刻，伦敦上空聚集了约 160 架皇家空军的各类战斗机，一齐向敌机展开猎杀。我的“大联队”已经从侧翼将德军护航的战斗机编队切断。想要赢得同魔鬼的战斗，我们要把自己也变成魔鬼，成为比魔鬼更凶恶的魔鬼。

不列颠的上空爆发了空前激烈的飞机混战！

德国轰炸机编队开始分散投弹，立即遭到皇家空军的攻击和地面防空火炮的干扰，它们匆匆投下炸弹，转身逃逸。想跑？没门儿！

一架双引擎的“梅塞施密特”Bf-110 战斗机正向法国海岸撤退。它的机身上画着英伦三岛的地图，还写着“伦敦—8 月 15 日—完蛋”的字样。好，今天就让你先完蛋吧！我调整航向急速追去。我打算拉高进入敌机和太阳之间的位置，这样当我从太阳的方向冲过去时，他看不见我。

战机的加速度越来越大，我毫不在意随之而来的过载力。2 个 g，3 个 g，也许到了 4 个 g 了。4 倍体重将我死死压在座椅上，手臂连移动1毫米都异常困难。这是巨大的生理痛苦，有些飞行员甚至还会短暂失明。这个时候他们就会羡慕我这个没腿的人了。没有腿，血液自然就不会倒流到脚上，大脑也不会突然缺血，这可以极大地缓解超重带来的“不便”，使我在激战中能保持更长时间的清醒。我用猛烈的飞行动作将座机的性能发挥到极致。只有异常粗暴地对待自己和战机，才能在空战中抢得先机。

我精确地控制着飞机，很快占据了攻击位置。阳光从我的正后方射来，将下方的Bf-110照得分外醒目。德国飞行员丝毫没有注意到斜上方虎视眈眈的“狩猎者”，正是俯冲攻击的绝佳时机。

越是到关键时刻，越是要保持放松，否则动作只会变形。这是我的战斗信条之二。我已经不再像2个月之前那样紧张得把手套都浸湿。我没有时间去紧张，必须心无旁骛地死死盯住尚在射程之外的“猎物”。近些，再近些。只有近距离向敌机开火，才能打得准——这是战斗信条之三。

我胸有成竹地按下了扳机，8条弹道径直划向Bf-110。也不等欣赏完绚烂的爆炸火光，我就一个滚转，脱离航线，以免把自己变成大号炸弹与敌人同归于尽。我转过机头确认战果，这架倒霉的敌机正拖着浓浓的黑烟朝着大地一头栽去。两个黑点从飞机中跳出，其中一个的降落伞还迟迟未能张开。

我来不及同情这个飞行员，就发觉一抹橘黄色从我左翼闪过。这是一架“梅塞施密特”Bf-109战斗机，机头的整流罩涂成了非常醒目的颜色。它的尾翼除了丑陋的纳粹标志外，尾舵上还画上了几道粗粗的竖杠。我看不清它的主人到底击落了多少友军，不过肯定比不上我的成绩，我决定让他见识见识真正的王牌的实力。

这架Bf-109的飞行员发觉我在他身后，开始横滚，接着一个急速俯冲，试图摆脱我的跟踪。我知道我的发动机注油泵性能不佳，大角度俯冲时，有时不能保证供油，导致空中熄火。但是在这个关键时刻也管不了许多，不管敌人做出怎样精彩的规避动作，他仍然未能逃出我的射击范围。

我们在低空你追我赶。我眼里唯一清晰的物体就是敌机，大地和树木飞速流逝，但正是这影影绰绰的一片模糊，可以带给我在高空飞行时不能体验到的速度感。而前方还有一个亟待捕获的目标，那将是无与伦比的刺激。

很快这架 Bf-109 得到了相同的命运，只是这一次它离地面太近，驾驶员还来不及跳伞，就坠落在田野上，顷刻间化作一团火球。

运气不错！

又干掉了一架敌机！

在本土作战的最大优势就是滞空时间长。我的油料还足以再激战 30 分钟，而德国空军的飞机都已到了必须返航的极限。他们的编队早已被打散，也无心恋战，各自向基地逃窜。

经过一番搜寻后，我又盯上了一架“亨克尔”He-111 型轰炸机。驾驶员非常狡猾，一直在变线飞行，我的子弹都喂给了空气。但是我的速度比 He-111 快很多，在接近到快 100 码（约 90 米）

的时候，我自信地按下了扳机。

“卡塔、卡塔”机枪没有喷出火焰——子弹打完了。

我火冒三丈，不仅无意脱离战场，反而加速向 He-111 飞去，企图用“飓风”的螺旋桨破坏He-111的尾舵。来吧，一起下地狱吧！

“‘苦力’，注意你后面。”忽然从耳机中传来队友的警告。

我下意识地猛拉操作舵向右避开，一架敌战斗机从我的后上方冲了下来，一串子弹打破了座舱罩，几乎擦着耳机飞过，又将前挡风玻璃打穿。这时我才清醒过来，刚才太冲动了。我口口声声要求队员们不能轻易牺牲，自己却违背了这个准则。

转瞬间我成了猎物。这次轮到我抱头逃命了。向右滚转后，我又施展了一个左滚转，暂时跃出了敌机的射击范围。千钧一发之际，一架友机从天而降。敌机由攻转守，弃我于不顾。我抓住机会脱离战斗，开着受伤的战机摇摇晃晃安全降落到基地。

1940 年 9 月 15 日，这个后来被命名为“不列颠空战日”的星期天，成为这场战役的标志性纪念日。

战斗空前激烈，一不小心也可能成为敌人的猎物。

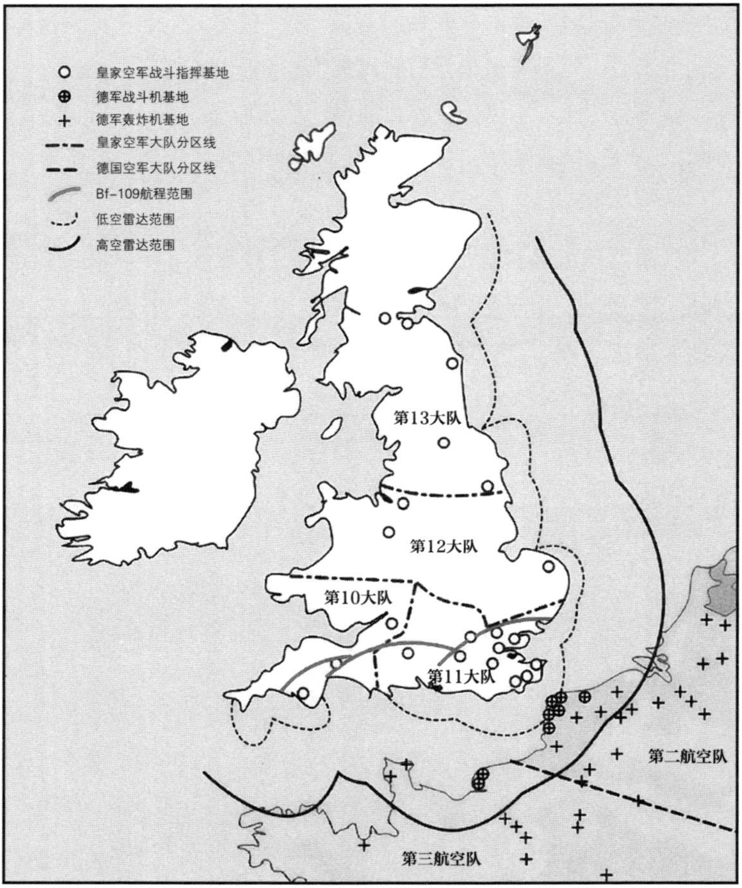

不列颠空战期间各大队责任区域示意图。

老友重聚

老夫妇俩静静地听着我的故事，得知我险些阵亡时，唏嘘不已。

“我命大。”我笑着说。

这个故事其实还没完。从 1940 年 11 月起，德国人放弃了对伦敦的重点空袭，改为对整个英国各工业城市和港口进行战略轰炸，以达到破坏英国经济的目的。到这个阶段，德军空军不得不从白昼改为夜间实施大规模轰炸了。英国虽然蒙受了巨大的损失，但我已能肯定希特勒把陆军入侵不列颠的计划被锁进了文件柜。战争陷入相持阶段，就看谁能熬到最后吧。

我刚准备给老夫妇继续讲讲皇家空军如何主动出击，执行轰炸德国的“马戏团行动”时（很不幸，我就是在这次行动中被击落并当了俘虏），突然依稀传来汽车发动机的轰鸣声，老希格奎斯凑到窗边观察，马上变了脸色，示意我赶快躲进屋后的花园中。

来的是一队德国宪兵。

其实我已经逃不掉了。他们很快就在花园中发现了我。德国人将我连同希格奎斯夫妇一同押进卡车。我矢口否认认识这两位老人，声称是偶然躲进他们的花园中的。哪知领队的军官冷笑着问道；“那么餐桌上怎么会有 3 副刀叉呢？而且你还忘了带上烟斗了。”

直到战后我才得知，是医院的另一个女佣玛利亚出卖了我们。艾琳娜和希格奎斯夫妇被德国人送进了劳动营做苦力。这对夫妻顽强地活了下来，而艾琳娜不知所踪，大概已经去世。小希格奎斯在抵抗组织中一直战斗，也平安地活到了战后。法国人民反抗暴政的勇气我永远也不会忘却。胜利后，法国政府判处告密的女佣玛利亚 20 年徒刑，正义终究得以伸张。

再次被捕 1 年后，我和另外 4 名狱友从位于德国萨根的战俘营成功逃出。但是德国人很快就拉响了警报。因为有一个德国军官要来拜访我，但当他到了我的营房时，却发现那里竟人去房空。我们重获自由还不到 1 天，就再次被逮了回来。真倒霉！

我被押入审讯室，发现来人竟然又是那个留着小胡子的阿道夫·加兰德。当然，这个小胡子比另一个小胡子看起来顺眼多了。一年多未见，他竟然已经穿上了将军制服。再仔细一看，他的领口还别着代表纳粹德国最高战功的“钻石橡树叶佩剑骑士铁十字”勋章。我不免有些妒意地恭喜这个比我还小 2 岁的家伙又高升了。

加兰德少将撇撇嘴："我并不感到高兴！"

原来就在 1941 年 11 月，德国空军兵器署署长恩斯特·乌德特上将突然殉职[①]，而前来参加其国葬的原战斗机总监默尔德尔斯上校从东线赶回柏林时，又遭遇暴风雪坠机身亡，时年未满 29 岁。1 个星期内，德国空军连损 2 员大将。30 岁的加兰德便临危受命，接任了战斗机总监的职务。

加兰德不愿多谈这个话题，只是跟我聊聊战俘营的生活和他在东线战场的见闻。战俘营当局对我们进行信息封锁，所以我很想知道当前的战况，不过加兰德很谨慎，一字不提苏联现在到底是死是活。但我看着他忧郁的眼神，不免心头窃喜：他们肯定没占到什么便宜[②]。加兰德吸着雪茄，我抽着烟斗，一时间审讯室烟雾缭绕，两个老熟人倒也交谈甚欢。

临走前他略带讥讽地说："巴德中校，你就是靠不断越狱来报答我的好意？"

我回答说："越狱是我的责任。除非你们没收我的假腿，否则我就会一直越狱。但是你也不会吃亏，当你有一天成为英国的战俘后，我也会对你礼遇有加的。"

"怎么礼遇？我会小心不从身上掉零件的。"

"比如提供足够的雪茄？"

加兰德哈哈大笑："非常公平，可惜我永远也收不到你的回报。"

"谁知道呢？战争还没结束呢！"我又重新装了一斗劣质烟丝，"吧嗒吧嗒"抽了起来。

胜利总是属于意志最坚强的人和国家。我自信我一定是终极的赢家。

（本篇完）

① 德国官方宣布乌德特上将的死亡原因为"在试飞中不幸失事"，但其实是自杀身亡。
② 1942 年底，德国重兵集团正被苏联红军包围在斯大林格勒。

◉ 本篇背景介绍

不列颠之战到底是谁赢了？这一直是史学界争论的话题。至 1940 年 10 月底德军逐渐停止对英国大规模轰炸之前，双方对不列颠岛制空权的争夺一直呈拉锯状态。从战役角度来看，双方算是打了个平手。德国空军没有消灭皇家空军，皇家空军也仅仅实现自保，更谈不上对德国的反击。可以说，战役停战的地方就是战役开始的地方，看上去似乎是个平手，忙乎半天白费劲。但是从战略角度看，德国完败。因为德国的战略目标一个也没有实现。大轰炸既没能逼迫英国求和，也没能获得英吉利海峡的制空权和制海权，致使入侵英国的“海狮”计划无疾而终。纳粹德国后来又同苏联交战，走上了两线作战的老路，再也无力威胁英国了。

德国空军最大的战略失策就是对杜黑“制空权”理论的错误应用和片面理解。其实德国是最早认识到“制空权”重要性的国家，但正如德·塞维尔斯基（俄裔王牌飞行员、飞机设计师兼空军理论家）指出的：只是由于德国没能彻底遵循这个理论，才使英国免于从空中被征服。当然“制空权”理论本身也存在巨大缺陷。

在 1940 年 9 月 7 日之前，德国一直对英国采取战术轰炸的策略，通过消灭英国的机场、飞机制造厂，消耗皇家空军，试图取得制空权。如果他们再坚持一段时间，也许只要 1 周，制空权就很可能易手。到那个时候，就算因为天气原因陆军来不及横渡英吉利海峡，空军也可以安全地实施战略轰炸了。

但是希特勒和戈林在没有取得制空权、没有彻底击败皇家空军的情况下，怒而轰炸伦敦，乃是彻底的败笔：

其一，在道义上失去了制高点。

其二，使皇家空军有了喘息的机会。道丁上将利用这个空隙，重新整合，继续战斗。

其三，德国当时也根本不具备战略轰炸的客观条件。由于德国军方对空军的功能定位为陆军的辅助，号称“飞行的炮兵团”，没有研发四发动机的重型远程轰炸机，这就使轰炸伦敦显得力不从心。

其四，战略轰炸的效果远没有设想的好。企图通过轰炸平民目标瓦解对方斗志的想法是一厢情愿，完全低估了对方抵抗的决心和意志。杜黑虽然预测通过战略轰炸就能使一个国家屈服，但受限于当时的科技水平，只依靠空军是不可能做到的。杜黑的预言直到20世纪末的海湾战争和科索沃战争才算成为现实。

有一点是可疑的，即丘吉尔是否有意引诱希特勒轰炸伦敦。有足够的证据表明，希特勒和戈林刚开始是严格禁止德国空军轰炸民用目标的。但是当8月24日德军误炸伦敦后，尽管损失微乎其微，丘吉尔却命令空军连续4次轰炸柏林。这就不是误炸了，而是对平民的报复。丘吉尔完全可以预料到希特勒的反应——将更多的炸弹回送给伦敦。也许这正是丘吉尔的目的：通过牺牲平民，为皇家空军争取时间，达到阻止德国陆军登陆的战略目的。9月4日，希特勒发表了一次著名的演讲："如果英国扔下3000或4000公斤炸弹，我们将在一次攻击中扔下30万公斤或40万公斤炸弹……总有一天两个国家将有一个求饶，但绝不是国家社会主义的德国。"

关于"大联队"战术是否有效，也是一个让后人争论不休的话题，笔者在此不作多谈。但"小编队"和"大联队"之争只是表象，其本质是以空军副参谋长肖尔托·道格拉斯、第12大队指挥官特拉福德·李－马洛里少将为一派，同以空军司令休·道丁上将、第11大队指挥官基斯·罗德尼·帕克少将为另一派的权力斗争。巴德提出的"大联队"战术只是马洛里攻击帕克的武器罢了。马洛里也很需要像巴德这样既能实战又懂理论的传奇英雄以争取基层的支持。最后马洛里还真击败了道丁和帕克。

当我们拨开胜利者光鲜的表面后，其实可以看到很多不一样的内里。历史的趣味之处就在这里。

◉本篇主要人物生平

道格拉斯·巴德（Douglas Bader）

巴德的童年生活并不幸福。他的父亲去世不久，其母就改嫁，还经常将他送到祖父那里去。由于缺少管教，巴德从小就任性、好斗、不守规矩。巴德的体育素质很好，是板球好手，学习成绩也不错，从而获得进入剑桥大学学习的机会。但他的母亲拒绝支付学费，巴德只好进入提供奖学金的皇家空军克兰韦尔学院。

成为正式飞行员后，巴德总是喜欢玩危险的飞行动作，终于在 1931 年闯了祸，飞机坠毁，双腿截肢。1932 年安装上义肢后，巴德身残志坚，玩兴不减，更学会了各项复杂技能。而且在恢复期间，他成功赢得了希尔玛——一家俱乐部女招待的芳心。

1937 年，随着欧洲局势逐渐紧张，巴德不断提出重新学习飞行的申请，可是皇家空军向来以精英部队自居，怎么会收一个没腿的人呢？好在空军少将哈拉汗很佩服巴德的精神，要求阿帕文中央空军学校评估他的能力。1939 年

10月，巴德终于进入飞行学校。经过1个月的训练，在事故8年后，巴德重新飞上了蓝天。巴德获准独自开飞机的第一天，他就迫不及待地在低空玩起翻转动作。他的教官一定在地面上唉声叹气：这小子真是不长记性啊！

在整个战争期间，巴德共击落20架敌机（可能击落另6架），合作击落4架（可能合作击落另1架），以及击伤11架。这个战绩当然不及那些击落上百架敌机的德国王牌飞行员，不过考虑到他实际参战时长也就1年多，假以时日，战绩应该会更突出些。

1941年8月9日，巴德驾驶“喷火”战斗机在法国上空被击落。很多年以来巴德一直相信他是被一架Bf-109击落的，不过后来有研究表明他其实是被友机误伤。不知道在听到这个消息后，巴德是怎样的表情。

8月19日，英军用一架轰炸机空投了巴德所需的假肢。这个故事发生在残酷的二战战场，也是一桩趣闻。巴德在得到完整的义肢后，多次组织狱友一起越狱，可惜均没有成功。直到盟军登陆后，巴德才在1945年4月重获自由。

1946年，巴德以皇家空军上校军衔退役。此时他声誉正隆，面对多家公司的高薪聘请，巴德选择了壳牌公司，这是为了回报在截肢后，这家公司给他提供了一份工作。当然更重要的是，壳牌公司允许他驾驶公司的飞机。

巴德后来任皇家荷兰壳牌公司下属的壳牌飞机有限公司总经理，拥有自己的飞机群，比在空军部队时还要拉风。

巴德个性鲜明，锋芒毕露又有情有义。他与加兰德保持了终生的友谊。巴德的妻子希尔玛虽然出身俱乐部女招待，但功成名就的巴德也一直不离不弃。1971年希尔玛死于喉癌。

1976年，由于为残疾人事业做出突出贡献，巴德受勋成为爵士。

1982年9月，巴德在家中逝世，享年72岁。

阿道夫·加兰德（Adolf Galland）

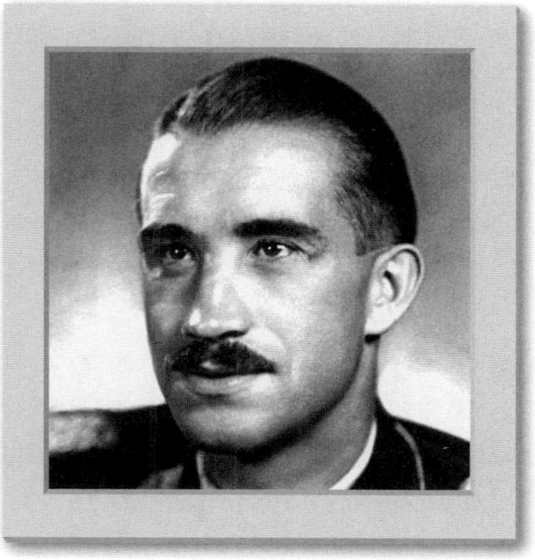

如果说巴德是皇家空军的明星，那么加兰德就是德国空军的战神。

根据《凡尔赛条约》，德国是不能拥有空军的，所以政府鼓励年轻人“玩”滑翔机。16 岁的加兰德就是在这样的背景下学会了这种时髦的运动。21 岁时，加兰德在一个名为“德国航空运动协会”的准军事化组织下属的航空学校拿到民用飞机的驾驶执照。可以说，第一次世界大战后的德国一直处心积虑地为未来培养飞行员，偷偷摸摸地为建立空军打基础。

1935 年，23 岁的加兰德也遭遇了一次飞行事故，眼睛受伤、颅骨骨折、鼻梁断裂，在医院昏迷了整整 3 天。这次意外甚至还改变了加兰德的相貌。此后加兰德开始蓄须，他精心修剪的小胡子也成为其日后的个人名片。1 年后，加兰德再次坠机，旧疾加新伤，他的视力受到严重损坏。为了能继续飞行，他偷偷搞来一张视力检查表，然后将字母顺序硬背下来才蒙混过关。真难以想象，空战中他是怎样瞄准的？

虽然加兰德的起步水平比巴德低（毕竟巴德是正规军事院校毕业），但他的实战经验却远超巴德。1937 年他加入了著名的“秃鹫军团”，被派往西班牙支持佛朗哥的反政府武装。

加兰德为自己的战机绘制了一个奇怪的标识：一只手拿着雪茄烟，另一只手持枪或拿着板斧的米老鼠。所以由加兰德担任指挥官的中队也被称作“米老鼠中队”。

此后加兰德的战场传奇可以用厚厚的一大本书来讲述，但缩减到一句话就是：击落一架敌机后，又击落一架敌机。这个加法直到累计到“104”才结束。其实加兰德本可创造远超此数的战绩，只是他年少成名，29 岁就升任德国空军战斗机总监，30 岁成为整个德军中最年轻的将军，因此直接参与空战的机会减少了很多。

德国有很多著名的王牌飞行员。他们中的佼佼者做出了巨大的成绩后，自然而然地走上了领导岗位。但是这些人的行政能力显然远远弱于其飞行能力，比如昏聩的戈林和悲剧性的乌德特。但加兰德是个例外，他相当优异地指挥了多项行动，并对德国空军战斗机的发展提出了颇有远见的建设方案。

加兰德外形好、能力强，自然成为纳粹德国重点宣扬的对象。1942 年，希特勒亲自向他颁发了“钻石橡树叶佩剑骑士铁十字勋章”。加兰德是第三帝国仅有的 27 人中，第 2 位获得这项最高军功荣誉的人。

德国投降后，加兰德作为战俘在英国受审。这次巴德投桃报李，也给予了他优厚的待遇。两人的友谊一直维持到巴德去世。

虽然加兰德在大战中是为邪恶的法西斯政权服务，但他个人的道德品质一直无暇。他能坚持自己的原则、信念和人道主义精神。当希特勒和戈林要求他的战斗机部队扫射跳伞的盟军飞行员时，加兰德予以了坚定的回绝。

坐了 2 年大牢后，加兰德辗转到阿根廷，多年后又返回德国。不论在南美还是在祖国，不论是在商界还是政界，加兰德都混得有声有色。

历史上的加兰德和巴德没有机会过招，所以关于两者的战斗力孰强孰弱，只能任君推测了。

乔治·赫尔曼·本尼恩斯（George Herman Bennions）

绰号“独眼本尼”。本尼恩斯从一名底层士官开始，成长为“喷火”战斗机的驾驶员，并最终成为皇家空军少校中队长。在等级森严的英国军队中，由士官提拔担任空军军官是很难的。

自 1940 年 7 月 28 日击落了第一架 Bf-109 之后，本尼恩斯不断刷新纪录，开始了王牌飞行员的生涯。在不列颠之战中，他共击落 11 架敌机。1940 年 10 月 1 日，本尼恩斯获得了“杰出飞行十字”勋章。但就在这天，一枚机炮炮弹击中了他的座舱，他的左眼当即被炸瞎，右臂、右腿均受重伤。在严重烧伤和失血的情况下，他挣扎着跳出飞机，并在丧失意识前拉开了降落伞，留得一命。

在维多利亚女王医院，本尼的主治大夫是整形外科的先锋人物——阿奇博尔德·麦金杜爵士。他成了爵士的医学小白鼠，在经历多次试验性质的手术后，他的外貌恢复得相当不错。

奇迹般地伤愈复出后，本尼成为资深地面飞行控制官。但他仍然热爱飞行，经过争取，终于可以驾驶限制类型的飞机参与日间的巡逻任务。1943 年 10 月，本尼在科西嘉岛执行任务时，又被一枚炸弹击中，倒霉的他再次成为麦金杜爵士的病人。1946 年本尼恩斯离开皇家空军，过上了普通人的生活。

本尼恩斯于 2004 年去世，享年 90 岁。

查尔斯·霍华德，萨福克伯爵 20 世
(Charles Henry George Howard，20th Earl of Suffolk)

他是英格兰古老的贵族霍华德家族的一员，在 11 岁的时候就受封安多弗子爵，享受着皇亲贵胄的安逸生活。

萨福克伯爵年轻的时候只是纨绔子弟，不论当海军学员还是帆船学员都干不长，家里给他在在苏格兰卫队买了一个职务，居然因“太野”而被劝退。

所谓“浪子回头金不换”，萨福克伯爵突然开了窍，以优异成绩在爱丁堡大学获得了化学和药理学的学位，之后又在牛津大学获得了“爆炸和毒物”领域的研究席位。

纳粹德国入侵法国后，萨福克伯爵作为科学与工业研究部的联络官，被派往法国负责抢救一批重要物质和人员，包括：珍贵的机床、价值 1000 万美元的工业钻石、50 名核物理科学家和当时能够满足全世界需求的重水——如果将这些科学家和重水留给了纳粹，就将大大增加对方造出原子弹的可能性。他和私人秘书莫登小姐一直坚持工作，直到德军进入巴黎之前数小时才离开。由于其出色的工作，萨福克伯爵获得了“疯狂杰克”的荣誉绰号。

1941 年 5 月 12 日（本文中将这个日期提前了），萨福克伯爵在拆弹过程中殉职，年仅 35 岁。他在法国工作的助手莫登小姐也身受重伤，在送往医院的途中去世。

特拉福德 · 李 - 马洛里
（Trafford Leigh-Mallory）

马洛里颇有能力，不过从少年时代开始，他就生活在兄长乔治 · 马洛里的光环之下。乔治是英国著名的登山家，后来在攀登珠穆朗玛峰时失踪。生活在一个人气旺盛的哥哥的阴影下，马洛里养成争强好胜、不达目的不罢休的性格。

马洛里在剑桥大学的莫德林学院学习法律专业，并在那里结识了后来的英国空军上将亚瑟 · 泰德。毕业后，马洛里进入英国内殿律师学院，成为一名出庭大律师。如果没有战争，一条铺满鲜花的精英文官道路已经向他展开。

1914 年，马洛里以列兵的身份自愿加入英国陆军，又很快被召回英国作为军官培养。1916 年他获得飞行员资格，成为利用飞机攻击坦克和炮兵阵地作战的先驱。1938 年，马洛里晋升空军少将，掌管皇家空军第 12 战斗机大队。在不列颠之战中，第 12 战斗机大队往往成为帕克少将的第 11 战斗机大队的补充和增援，是战争的配角。马洛里并不满意这样的安排，于是联合空军系统的其他高官，以“大联队”编队为筹码，成功地挤走了帕克并取而代之。

此后，马洛里平步青云，1943 年成为盟军远征军空军的总指挥官，1944 年晋升上将军衔。1945 年马洛里被任命为盟军东南亚地区空军司令，在赴任途中，因飞机失事殉职，是二战期间英国牺牲的最高级别的军官之一。接替他职位的正是帕克中将。所谓斗转轮回，世事难料啊！

基斯 · 罗德尼 · 帕克 (keith Rodney park)

帕克出生于新西兰，年轻时并没有太出众的表现。第一次世界大战期间，他作为澳纽军团一名非正式军官参加了加里波利登陆作战。1915 年帕克离开新西兰军队，转投英军，加入炮兵部队。1916 年他在战斗中受伤，由于不能再骑马了（那时野战炮需要用马拖运），只好离开陆军，加入空军。

1938 年，帕克被任命为皇家空军参谋部高级军官，帮助道丁上将重组战斗机司令部。道丁很欣赏这位下属，两人在性格、为人方面也颇合拍。1940 年的危急时刻，道丁任命帕克为第 11 战斗机大队指挥官，直接抵御德国空军的正面攻击。他是英国取得不列颠之战胜利的功臣。

帕克在皇家空军高层中的支持者寥寥，但飞行员们都很尊敬他，因为他经常自己驾驶“飓风”战斗机到各个空军基地视察。飞行员们认为帕克了解基层情况，不是高高在上的官老爷。

然而在不列颠之战后期，帕克和道丁在皇家空军的内部政治斗争中失利，1940 年 12 月，帕克被解除第 11 战斗机大队指挥官的职务，调往训练指挥部。帕克对此一直耿耿于怀。

然而风水轮流转，帕克在 1975 年去世之前，也获得了上将军衔，并赢得了比马洛里更多的荣誉。他的雕像树立在伦敦滑铁卢广场，他的座机、军服、奖章被永久保存在奥克兰战争纪念馆，就连德国人也尊称他为“伦敦的保卫者”。

休 · 道丁（Hugh Dowding）

道丁是一个乏味、腼腆、固执、不容易相处、不讨人喜欢的人——很多文献记录中都这样描述他。1936 年，已经 54 岁的道丁没能成为空军总参谋长，而是战斗机司令部的指挥官。当时战斗机部队并不受器重，因为崇尚进攻的皇家空军更偏爱轰炸机。

道丁开始整编战斗机司令部，他将全国划分为 4 个战斗机作战区域，建立通讯畅通的指挥系统，大力装备新式战斗机，积极支持雷达等高科技设备建设。

纳粹德国入侵法国后，道丁公开反对派遣皇家空军加入战斗，并不惜与丘吉尔作对。事实证明道丁十分正确。他为稍后的不列颠之战保存了皇家空军实力，使之不至于在法国就丧失殆尽。道丁在不列颠之战中的表现也可圈可点，指挥有方。他的策略是逐次投入兵力，而非集中兵力同德军决战，这样可以将战役时间拖长，变成持久战。只要挺过 10 月，由于天气原因，纳粹军队就不得不放弃登陆英国的“海狮”计划。然而这个策略遭到了包括巴德、马洛里、甚至丘吉尔（虽然他没有公开表态）的反对。不论遇到怎样的压力，道丁同帕克密切配合，精细运作，挺住了德军的疯狂进攻，挽救了大英帝国。

1940 年 11 月，在刚刚赢得战役胜利后，道丁被解职，并被下令 24 小时内离开办公室。他于 1942 年正式退休。道丁相信自己遭受了不公正的对待。之后在是否授予道丁空军元帅军衔的争论中，皇家空军再次给予他沉重打击。

战后，随着时间流逝，道丁的贡献越来越为人们所重视，他的声望才日益提高。

◉ 本篇参考资料

【1】温斯顿·丘吉尔. 第二次世界大战回忆录 [M]. 吴万沈，等译. 海口：南方出版社，2003

【2】卡萨诺瓦·布尔斯坦. 二战经典战役全记录：鹰击不列颠 [M]. 方飞，译. 北京：京华出版社，2004

【3】乔恩·莱克. 不列颠大空战 [M]. 马盛昌，译. 北京：中国市场出版社，2010

【4】克里斯·毕晓普. 兀鹰军团：二战德国－空军飞行中队 1939-1945[M]. 卡米柚子，译. 重庆：重庆出版社，2010

【5】罗尔夫－迪特·米勒. 大轰炸（1939-1945）[M]. 何宁，经轶，译. 北京：中国人民大学出版社，2005

【6】杜黑. 空权论 [M]. 刘清山，孟莹莹，译. 北京：石油工业出版社，2014

【7】朱冬生. 世界经典战例：空袭与反空袭作战卷 [M]. 北京：解放军出版社，2010

【8】罗伯特·杰克逊. 战斗机发展史：空中战鹰的过去与未来 [M]. 吴玉涛，译. 北京：中国市场出版社，2010

【9】刘亚洲. 赢在制空权：刘亚洲解读世界空战百年 [M]. 北京：航空工业出版社，2014

【10】Bader, D. Fight for the Sky: The Story of the Spitfire and the Hurricane [M]. London: Pen & Sword Books Ltd, 2008

【11】Turner, J.F. The Bader Wing [M]. London: Pen & Sword Books Ltd, 2007

克里米亚战争

@威廉·霍华德·拉塞尔

时间：1854年9月至1855年9月

地点：克里米亚半岛

真是太壮观了，可惜这不是战争，这是疯狂！

——法国远征军皮埃尔·博斯凯特将军

桂冠诗人和公知记者

“先生，您的信。”早饭刚过，助手就送来一封私人信件。

我正在整理资料，准备出一趟远门。忙得不可开交之时被贸然打断，不免有些不快。何况每天我都会收到很多千奇百怪的来信，大部分都是向我爆料，或寻求帮助的，也有达官贵人来结交和示好。这大概就是记者出名后的烦恼吧。除了无所事事的贵族，一个整天忙于社交的人肯定干不好本职工作。所以助手一般都以我的名义，用礼貌的言辞，三言两语直接回复。助手的事务处理能力毋庸置疑，我也无须操心。那么这封信有何特殊之处，需要我亲自过问呢？我不耐烦地抽出信笺，先看签名，哦？居然是桂冠诗人阿尔弗雷德·丁尼生先生。

有意思！

我点上一支雪茄，饶有兴致地读下去。

尊敬的威廉·霍华德·拉塞尔先生：

您8年前在克里米亚的那篇新闻报道令举国震惊。年代已久，或许您已不再记得，但报道令我至今印象深刻。您的那句“有人犯下愚蠢的错误”曾使我寝食难安。大英帝国军人的英勇战斗和上层军官的无知自大激发了我的创作灵感，于翌年写作了《轻骑兵的冲锋》一长短格。此作难登大雅，遂压箱不敢示众。应维多利亚女王陛下之命，鄙人才将近年来的诗作结集出版。付梓之前，特致信以表敬意，并附拙作。

此致

敬礼！

阿尔弗雷德·丁尼生

1862年4月

丁尼生，华兹华斯之后最出色的英国诗人，享有“桂冠诗人”这一无上荣誉。我与丁尼生先生平日素无往来，唯一的交集也许就是他在信中所提及的那篇新闻报道了。虽然已经过去了 8 年，但我怎能忘记那些惊心动魄的日子呢？那奔腾的马蹄，那轰鸣的炮火，那残酷的厮杀，还有那位美丽的“提灯女神”。虽然我们无法避免战争和死亡，虽然我看惯了痛苦、冷漠和腐朽，但每个人也可以在自己的能力范围内诠释荣誉、勇敢和善良。我合上信纸，思绪又回到了 1854 年 10 月 25 日，回到了巴拉克拉瓦；回到了那地狱一般的一年，回到了克里米亚的杀戮战场。

轻骑兵的冲锋①

半里格②，半里格，
前进半里格，
在死亡之谷，
奔驰着六百好男儿。
“前进，轻骑兵！”
“向着枪炮冲击！”长官命令。
六百好男儿，
驰入死亡之谷。

“前进，轻骑兵！”
可曾有一人惊惶？
不，但他们知晓，
大错已然铸成：

① 此处丁尼生的这首诗由作者自译。
② 里格，长度单位，1 里格长约 4.8 公里。

无人违抗军令，
无人知晓原因，
他们只能奉命牺牲。
六百好男儿，
驰入死亡之谷。

炮弹射向右方，
炮弹射向左方 ，
炮弹射向前方 ，
大炮齐射如雷鸣；
在枪林弹雨的风暴中，
他们绝尘前行。
六百好男儿，
驰向死神的利齿，
驰向地狱的大门 。

马刀出鞘如闪电，
马刀挥舞耀寒光，
劈向敌人的炮手，
冲击敌军的大营，
全世界都在震惊：
他们驰入炮火的硝烟，
他们突破坚固的防线；
哥萨克、俄国兵
在马刀的劈砍下溃不成军。
好男儿们策马回行，
却不满六百名。

炮弹射向右方，
炮弹射向左方，
炮弹射向前方，
大炮齐射如雷鸣；
在枪林弹雨的风暴中，
倒下了骏马和英烈。
他们骁勇善战，
他们中的幸存者，
六百好男儿中的幸存者，
挣脱了死神的利齿，
越过了地狱的大门。

他们的荣耀何时凋谢?
啊，这狂野的冲锋！
全世界都在震惊。
光荣的冲锋!
光荣的轻骑兵，
这光荣的六百好男儿!

不受待见的工作

“嘿，那个戴毡帽的家伙，这里是战场，给我滚开！”一个独臂将军怒气冲冲地向我咆哮着。他军帽上插着的红白羽毛就像发怒的公鸡鸡冠一样抖来抖去。

我没有停下，反而加快脚步冲上前去，脱下帽子对着这位大名鼎鼎的英国远征军总司令拉格伦勋爵和坐在一旁的军需官埃雷将军恭敬地鞠了一躬："大人，我是伦敦《泰晤士报》的新闻记者，我叫拉塞尔，受命全程报道这场战事。国内的民众都希望尽快全面地了解我军的进展。"

"记者？"拉格伦勋爵几乎从鼻孔里哼出这两个字来："我想你应该在伦敦的舞会和剧院里寻找花边新闻，那里才是提高报纸销量的八卦源泉，而不是在荒凉的克里米亚。我这里已经够乱的了，快走！"

"我只有一支笔，一个笔记本，不会给您和您的军队带来任何麻烦。"

"嗯哼，一支笔先生。在我这里，不拿枪和刀的人都是废人。而且我们有官方的正式公报，你的那些所谓报道一文不值。"

"可是我的报道都是客观真实的，国民有权从不同角度来了解真相。"

"好了好了，诺兰上尉，请把这位先生架走，我不希望再见到他。"

一个身材高挑，留着一撇小胡子的年轻军人走上前来将我拽开，直到转到一顶帐篷后，离开了拉格伦勋爵的视线范围才停下来。

"我怎么跟你说的，不要找拉格伦。他恨透了你的新闻报道。你就不能唱唱赞歌，讴歌一下英法联军英勇作战么？"

"对不起，诺兰上尉，我只是想在大战前采访一下拉格伦勋爵。看来他对记者的成见很深啊！我不能因为长官们喜欢读什么而写什么，我只能记录我亲眼看到的。不管怎样，我还是要感谢你借给我帐篷和马。"

"不用在意。好歹我是埃雷将军的副官，这点物资不算什么。今天将有一场大战，有你好写的。保重。"

"保重。"

诺兰同我握握手后，转身离开了。

类似这样的尴尬已经不是头一次了。几个月前，在君士坦丁堡附近的斯库台，一个旅长命令士兵将我好不容易才弄到的一顶帐篷扯掉，扔出了营地。他大概认为我是骗吃骗喝的随军寄生虫吧。的确，6 万大军之中，只有我穿着掉毛土拨鼠似的灰外套、米黄马甲，系着不合时宜的领带，鬼鬼祟祟地在营地里溜达来溜达去，总是拿着小本子时不时地写上两句，这副模样和举动与周围的气氛格格不入，想必很令人讨厌。要不是我有着标准的伦敦口音和《泰晤士报》的记者证，巡逻队恐怕真会把我当作间谍捉去枪毙！

“罗杰·芬顿先生，请把相机架在这里，这里的视线非常好。”拉格伦勋爵突然热情地高声招呼起一个赶着大车过来的人。

罗杰·芬顿是来自《伦敦图报》的同行，不过他的工具不是笔和纸，而是刚刚发明不久的照相机。芬顿先生停好车后，便和助手一起熟练地架起那些硕大而笨重的摄影器材，准备拍摄。我怀疑他是不是搬来了整个化学和光学实验室。

罗杰·芬顿先生赶着摄影车而来，他的摄影器材十分笨重。

这家伙可比我幸运多了。作为摄影师，他的主顾是女王的夫婿——阿尔伯特亲王，以及英国陆军部，所以他有官方的通行证保证其一路畅通、好吃好喝。拉格伦勋爵自然也视其为座上宾。我曾经见到芬顿是如何拍摄将军的风采，他如调整一个木偶的关节一样，肆意摆弄拉格伦的坐姿。拉格伦勋爵竟然也能保持那个姿势一动不动达数分钟之久。反之勋爵一看到我，就像见到挥之不去的霍乱一样，厌恶之情溢于言表。这待遇真是天壤之别。

我并不排斥新技术。自从英国在1851年举办了世界博览会以来，工业界就层出不穷地捣鼓出新玩意儿。照相机这种新机器大概会取代画师为人们留下身影的记录吧。不过由芬顿的相机拍摄出来的画面怎么看都不自然，被拍摄的人尽管如舞台上的演员那样优雅，但冲洗出来的结果却使他们看上去像是一尊尊没有生命的雕塑。至于罗杰·芬顿先生拍摄的战场，虽然相纸上布满了密密麻麻的弹坑和炮弹，但与其说是战地实景，不如说是一幅有军事道具的风景画罢了。

罗杰·芬顿先生的作品《死亡的幽谷》，这就是他拍摄到的“战斗现场”。

芬顿先生的镜头里拍摄不到真实，拍摄不到运动，当然更拍摄不出感情。

我叹了口气，找了块石头坐下，咬着笔头俯瞰山坡下的平原。机器是冷酷的，但写满笔记本的词句是真真切切的。我用最原始的笔就能更好地报道这场战争。这不是工具的力量，这源自一个记者的责任和良心。

1854 年 10 月 25 日，我来到克里米亚已经有 1 个多月了，什么大事也没发生，未免有些气馁。接下来会有一场大战吗，还是继续无聊地等待？也许我接受战地记者这份吃力不讨好的工作压根就是错误？难道拉格伦勋爵说得对，人们只需要在后方舒舒服服享受胜利的通报就行了，至于真相和细节，就让死者带入坟墓吧！

远征克里米亚

英伦三岛孤悬欧洲大陆之外，克里米亚半岛深入黑海内腹。翻看地图，英俄两国在陆地上隔着西欧法国、中欧普奥、南欧巴尔干诸国，就地理位置说起来真是八竿子打不着。不过这种中世纪王朝国家的政治逻辑对号称“日不落帝国”，利益遍布全球的英国而言，早就落伍了。

克里米亚是黑海北部的一个半岛，仅一万多平方英里，其75% 的面积都是半干燥的草原。这里不是皇冠上的明珠——印度，也不是铜矿丰富的南非，更不是土地广袤适合移民的澳大利亚，但在这个鸟不拉屎的地方所发生的战争竟然牵动了全欧洲的心。英国在这里不是寻求财富和土地，而是为了更宝贵也更缥缈的东西——霸权。

40 年前的拿破仑战争打破了英国长久以来建立的大陆势力均

衡，几乎毁灭了大英帝国的世界格局，这是英国绝不能容忍的。好不容易才阻止了拿破仑这个异类后，欧洲各大国经过一番钩心斗角，终于建立了稳定的“维也纳体系”；欧洲多数君主国还签署了《神圣同盟条约》。可惜这个文件既残缺神圣的光环，也缺乏同盟的信任，更没有条约的束缚。墨迹未干，新的霸主挑战者——俄国就迫不及待地出场了。

这个国家对领土有着近乎病态的占有欲。“扩张，扩张，再扩张！”是俄国人好几个世代的主旋律。难道只有打到加莱海岸，才能填平他们的欲壑吗？

当然，俄国可以通过波兰和乌克兰向东欧扩张，但这样毕竟太打眼，简直就是敲锣打鼓地告诉英法两国，俄国人马上就要踏入欧洲的心脏地带了——那不行，太高调了。于是奥斯曼土耳其帝国就中了头彩，这个被人戏称为“欧洲病夫”的落魄帝国成了俄国的扩张方向。通过击败土耳其，夺取君士坦丁堡，控制博斯普鲁斯海峡和达达尼尔海峡，俄国人便可将黑海变成俄罗斯的内海，进而又从巴尔干地区的保加利亚和罗马尼亚方向挺进中欧，俄国的黑海舰队从此可以堂而皇之进入地中海升格为地中海舰队。

沙皇尼古拉一世就曾经赤裸裸地说：“土耳其应该死去，而且一定会死去。”这句话作为新闻标题一定很吸引眼球。好吧，既然你凶狠无比，我们的主编代替维多利亚女王的答复也铿锵有力：“土耳其不会死去，英国也不会让他死去。”因为英国的战略就是：“不能在大陆出现一个新的霸权国家。”谁敢冒头就打谁，就算不久前还是盟友也在所不惜，就算那个国家没有这个野心也要打。白厅判断敌人的依据只有一个：是否有实力挑战英国。即使按照最宽松的标准，俄国也足以颠覆“不列颠治下的和平”了。更何况土耳其是连接欧亚非三大洲的要冲，东地中海是英国通往印度和远东的必经之路，无论如何也不能让俄国人染指，否则必然削弱英国在印度和远东的实力。英国已经丢失了美洲，此番定要竭尽全力保全印度。

本着“打架绝不单干，揍人必须群殴”的原则，英国人在动手之前总是会提前在欧洲大陆寻找盟友。要成为我们的盟友，条件很简单：只要你不是最强的那个，并且愿意帮英国打击最强的那个。

于是1815年的老对手——法国突然摇身一变，成了我国的盟友。英法两国本有着百年世仇，我们弄死了他们的圣女贞德，囚禁了他们的偶像拿破仑，破灭了它们踌躇满志要统一欧洲的幻想。可是在现实的国家利益面前，两国的政治家竟然都能尽释前嫌，假装友好地挽起胳膊，共同对付沙俄帝国。

法国在大战失败后，一直备受孤立，为了重新融入欧洲主流，它一直上下动作，极力分化俄英和俄奥之间的关系。现在英法两国总算有了共同利益。

战争迟早要来临，就差一个导火索了。于是法国的路易·波拿巴利用历史上纷争不断的所谓“圣地保护权”[①]问题四处挑拨。本来应该向读者们详细阐述“圣地保护权”这样剪不断理还乱的问题，不过主编大人说，一万字的社论也比不上一条爆炸性标题。为了《泰晤士报》的发行量，最好就是在1854年3月28日的头版用大写的黑体字印上：“英法对俄宣战，战争全面爆发！”

再说沙皇尼古拉一世。其实他的算盘也打得很精。虽然英法两国铁了心要和俄国对着干，但欧洲另外两强——普鲁士和奥匈帝国还与俄国交好，俄普奥这三国的深厚联系可是在同拿破仑的血战中建立起来的。然而，大国的誓言不啻是骗子的承诺，血的情谊意味着血的背叛。近东地区的纷争同普鲁士无关，国王威廉一世自然不愿意趟这汪浑水。而奥地利呢，虽然受惠于俄罗斯颇多，

① 天主教和东正教之间就耶路撒冷的基督教圣地管辖权问题发生的争执。

但它也觊觎巴尔干利益。一边是友情，一边是利益，佛兰茨·约瑟夫皇帝一眨眼工夫就权衡出了利弊。况且那个时候他正准备迎娶巴伐利亚美丽的茜茜公主,在大喜的日子拉人去打仗,太不合时宜了吧。于是普鲁士和奥匈帝国宣布中立，俨然“和平主义者”模样。

普奥变卦这事发生在 1854 年 4 月。没有盟友，孤立的俄军挨了英法土联军一顿猛打，到了 7 月底，俄军各条战线都被打回到战前的出发点。照理说这个时候各国首脑们就应该坐下来好好谈谈，尽快结束战争。但输了的想要翻本，赢了的想要更多。俄国人不认输，英国人想彻底打消沙皇控制近东的妄想，于是更大规模的战争终于蔓延开来。英法联军的目标是更进一步消灭俄国黑海舰队。塞瓦斯托波尔是黑海舰队的母港，已初步要塞化。由于舰炮赢不了要塞炮，为了消灭黑海舰队，英国人只能依靠步兵登陆克里米亚去攻陷要塞；同时皇家海军封锁海港，牢牢攥住黑海制海权。这是个连外行看来都很简单的计划，战争应该很快就能结束，哪知为了这个小小的要塞，英法联军在克里米亚耗费了 1 年的时间。

早在 1854 年 2 月[①]，报社主编约翰·德莱恩派遣我随军进驻马耳他岛，后又转移到伊斯坦布尔和斯库台。9 月 14 日，我跟随联军，在塞瓦斯托波尔以北约 15 英里的卡拉米塔湾登上了克里米亚半岛。有关我在克里米亚的第一篇报道，请听我慢慢说来——

光荣的远征，悲惨的生活

远征军是在国民们的掌声和鲜花中离开英国的。

人们相信，这是为了帮助土耳其抵御俄罗斯侵略的正义战争。

① 虽然英国宣战是在 1854 年 3 月，但英国陆军 2 月就登船前往战区了。

至于为什么基督教徒要协助异教徒攻打另一派基督教徒，这就没人关心了，至少报纸上根本不会提出这样的伤脑问题来为难民众。

同样，人们也相信这是一支世界上装备最精良、训练最完善、战斗力最高的陆军部队。自 1815 年击败拿破仑的大军后，帝国陆军在全世界各个战场屡战屡捷。廓尔喀战争、缅甸战争、卡菲尔战争、阿富汗战争、镇压加拿大起义、锡兰战争、中国战争[①]、毛利战争……战争频率之高无出其右，英国陆军成了最繁忙的职业。皇家海军傲视全球，反而无所事事。

但是人们忘了我们的对手都是些殖民地移民、土著部落和没落王朝。最后一次同欧洲军队进行大规模交战已经是在 39 年前的滑铁卢了。况且很多经验丰富的军官尚在殖民地作战，并未被召集，国内那些养尊处优的贵族军官们这次仓促出征，面对的又是庞大的俄国灰熊，恐怕不会如人所愿那般顺利吧！

登陆后还没遇见一个俄国兵，糟糕的后勤补给就先把士兵们折腾得够呛。各种军事物资要么没运到，运到了也不知道存放在哪里，就算知道在哪里，混乱中也无法分配给士兵。在半岛的第一夜，我们甚至连帐篷也没有，而高级军官们却可以在军舰上舒舒服服地享受美酒和牛排。

饥饿与寒冷只是暂时令人不快而已，更可怕的是霍乱。在向塞瓦斯托波尔行军过程中，不断有士兵滞留在路边，腹泻或呕吐。一个来自冷溪近卫团的下士虚弱地瘫坐在地上，医疗队却迟迟不见踪影。他因严重脱水而脸色青灰，眼窝深陷如一具骷髅。原本威武的熊皮帽好似一座大山，压得他直立不起来。他猩红的制服上沾满了淡黄色、粪便般的呕吐物。这位下士的水壶早已见底，央求我分给他一点水喝。我把我的水壶递给他后，狠心离去了。

① 即第一次鸦片战争。

行军中生病的士兵得不到及时的救治，就这样被遗弃在路边。

军方的公报中会有这样的情节么？没有，普通士兵只是工具而已，公报的主角永远是那些光鲜的贵族军官们。

在登上克里米亚半岛之前，我曾经在黑海对面的斯库台采访过英国远征军总医院。那是我们在战场上条件最好的医疗场所了。

英国远征军总医院是由一座古老、昏暗的石质旧兵营改建的。医院及其四周堆满了污秽的垃圾、粪便甚至伤员的截肢。恶臭弥漫在整幢建筑中，令我作呕。医院的地板千疮百孔，墙面潮湿发霉，这块人类的求生之地却成了老鼠的天堂。我亲眼看见有些胆大的老鼠竟然在重病号的枕头边窜来窜去。

所谓的战地医院，其实就是伤员的仓库和临时停尸房。我见到太多的士兵们在战场上勇敢拼杀，可进入医院后反而痛哭流涕，生不如死。溃烂的伤口无人清理；蛆虫在伤员的身上蠕动；甚至有人死去 3 天后才被抬出病房。

大英帝国是世界上最富裕的国家，可是为帝国拼死效力的军人却因为缺乏最基本的医疗物资和护理而不断死亡。担架、绷带、酒精、药棉……什么都缺，除了断肢和死人。斑疹、伤寒、霍乱、疟疾……什么都有，除了干净和卫生。这里不仅有战斗外伤，还可以发现几乎所有的流行病和传染病。据统计这家医院的死亡率高达 42%。我们医院的杀人效率比俄国人可是高多了。

如果说世界上真有地狱，那么地狱一定就是这个样子。我悲愤地写道："死者被毫无遮掩地扔在那里，紧挨着活人躺着。医院缺少最普通的医疗设备，人们一点也不注意体面和清洁……我所看到的是，这些人没有得到丝毫的救治就死去了……"[①]

难怪拉格伦勋爵不喜欢我的新闻，任何一个当权者都不会喜欢我的新闻。可是作为一个独立记者，我有责任，也有义务来大声说出普通战士的痛楚；我的读者也有权利知晓战争的真相。

当然作为战地记者，我也将关注点放在战争本身。我离开伦敦之前也曾经疑惑过，既然报社在各支部队中聘用了低级军官作为特约通讯员，为何还要我来独立采访。现在我明白了，我是平民，我能以平民的视角，用平民能够理解的语句，借助专业记者的职业技能来阐述战争；同时我也能突破低级军官视野狭窄的局限，不受军方保密制度的限制[②]，从全局来分析战况。这不正是读者们所热切期待的吗？

初战奥尔马

登陆进行了整整 5 天才完成，俄军却没有任何切实的行动。

① 这段文字为拉塞尔发给《泰晤士报》的报道原文，参见《世界著名战地记者经典报道》。

② 真实的新闻有时也是双刃剑。俄军正好可以轻易地从《泰晤士报》上知晓联军的行动、意图和现况。这中间的分寸是需要拿捏的。

俄军总指挥缅希科夫亲王没有在滩头狙击我们，而是任由联军从容登陆——可能是顾忌到皇家海军的火炮威胁吧。对联军而言，只要在海军大炮的射程内，最大的麻烦就不是俄军，而是泥泞的沙滩和捉襟见肘的后勤保障。

1854年9月14日，英法联军在约30艘军舰的掩护下在克里米亚登陆，然而俄国人并没有出现。

1854 年 9 月 20 日，一路南下，以攻克塞瓦斯托波尔要塞为目标的联军终于在一条叫奥尔马（Alma）的小河畔遭遇到早已等候多时的俄军。缅希科夫亲王显然也意识到，如果任由联军包围塞瓦斯托波尔，不论多么强大的要塞总将因弹尽粮绝而陷落。所以就算是平均智力之下的统帅也能在适合的地域预设阻击阵地。自从拿破仑、威灵顿、库图佐夫那一代枭雄退出历史舞台，欧洲基本上就没出现过耀眼的将星。观察缅希科夫亲王之前的所作所为，他显然不是什么厉害角色，但其实我自己也很清楚，大英帝国的将军们除了舞姿优雅，作战水平着实也高明不到哪儿去。臭棋篓子对阵蹩脚指挥，倒也是旗鼓相当。

奥尔马河河面既不宽阔，水流也不湍急，除了入海口附近外，其余地段都能涉水过河。不过河岸附近散布着葡萄园和乱石堆，这意味着联军的进攻阵型很容易散乱；而河南岸的地形均是高地和丘陵，我军过河后还必须向上仰攻，更是十分利于防守方。

英军司令拉格伦勋爵和法军统帅圣阿诺德元帅开了个碰头会，大致分配了各自的主攻方向。法军负责攻击俄军左翼，即奥尔马河下游区域。那里地势尤其险峻，攀爬十分困难，不过正因如此，俄军防守反而可能薄弱。此外，还能得到海军舰炮的支持。英军则从俄军阵地正面强攻。这里显然是缅希科夫重点防御的地段，他还在河南岸的制高点上修筑了大小 2 座多面堡以保护重炮。

圣阿诺德元帅曾在驻阿尔及利亚的法国外籍军团中服役，战斗经验相当丰富。他的计划看似冒险，实则出乎俄军意料。事实上俄军不仅没有重兵布防，甚至连基本的防御工事都没建设。不知道缅希科夫亲王哪儿来的自信，竟敢放任这么大的缺口不予关注，结果很快就被法军突破了战线。不过元帅倒秉承了法国人一贯精明的传统，得手后为了避免遭受损失，便见好就收，远远看着英军陷入鏖战，作摇旗呐喊状。

拉格伦勋爵其实也非无名之辈，早在滑铁卢战役期间，他就是威灵顿公爵的副官，全程参与了战斗，还为此失去了右臂。哼，这都拜法国人所赐。不过自那以后，拉格伦勋爵就再也没有指挥过实际军事行动了。不论一个人当初如何精通某种技能，时隔 40 年不加练习，肯定会生疏吧。

拉格伦勋爵的战役计划是由轻装步兵师和第 2 师承担主攻任务，第 1、第 3 师分别作为上述两支部队的后援，第 4 师为预备队，轻骑兵旅负责侧翼警戒。下达完上述命令后，他就不见了，放任各师师长们自行发挥。事后我才知道，拉格伦勋爵竟然带领指挥部的参谋们渡过了奥尔马河，登上一座山头，从俄军战线后方观察英军进攻。这算是勇敢进取呢，还是鲁莽冒进呢？

英军的正面强攻遭到了敌军火炮的巨大杀伤，第 2 师还没渡河就损失惨重，给士兵们带来身体和精神上的双重打击。好在轻装步兵师进展迅速，只是在渡河时稍有挫折，因为河南岸有一道 6 英尺高的河堤。师长乔治·布朗奋勇冲上堤岸，鼓舞士兵们跟上，继续向制高点进发。

鉴于拥有重炮的巨大杀伤力，英军自然以攻取多面堡为首要任务。一旦拿下大多面堡，不仅拔除了敌军火炮威胁，还能为我所用，反戈一击。因此双方以大多面堡为焦点，展开了反复争夺。

我们的士兵毫无疑问是勇敢善战的。轻装步兵师一路猛攻，打得俄国人直发蒙，未加强烈抵抗就放弃大多面堡跑了。英军则乘势占领了大多面堡。

但是英军的协同配合却不如人意。后续部队第 1 师竟未能及时跟上，阵地很快又被俄军的增援部队夺回。第 1 师本来是英军中的绝对主力，下辖近卫旅和苏格兰高地旅，还有 2 个皇家野战炮连。师长剑桥公爵，皇室贵胄，年纪轻轻就担任了如此重要的职务，可惜在关键时刻缩手缩脚，迟滞在奥尔马河北岸，丧失了一锤定音的大好时机。

军需官埃雷将军发现了第 1 师脱节，急忙督促剑桥公爵立即组织进攻。奇怪，拉格伦勋爵好像从战场上消失了，如此重要的命令居然是由副将越权发布。看来指挥官的位置离战场近不是必须，看得清才是关键。

尽管不断有官兵倒下，在苏格兰风笛声中，苏格兰高地旅仍然冒着枪林弹雨列队前进，毫不畏缩。这时俄军看到高地旅的阵型中因伤亡而出现了缺口，便组织了一次反冲锋，企图同高地旅进行白刃战。

“刺刀是好汉，子弹是笨蛋！”也许俄国苏沃洛夫元帅的军事名言一直贯穿于俄军的作战思想中。拿破仑时代的步枪是不靠谱的，既打不准，也射不快。步兵只能依靠密集排列射击才能提高一点儿命中率。这样看来，在近距离对抗中，反而是原始的刺刀最可靠。既不需要填充火药也不用上子弹，更不怕雨淋受潮。刺刀才是军人得心应手的武器。它不仅仅是勇气的体现，更是胜利的保障。

面对一群杀气腾腾的刺刀战士，苏格兰高地旅的勇士们毫不客气地端起步枪，一阵齐射，将俄国人打得狼狈逃窜。

这是我第一次目睹这种新式“米尼”步枪的威力。这是一个变化多么快的时代啊！旧式的勇气在新技术前面变成了可笑的愚蠢。而不久之后，我还将亲历它创造的更大奇迹。

士兵们使用新式步枪打跑了俄国人，这真是了不起的新技术呀！

俄军放弃了多面堡，全军往塞瓦斯托波尔要塞方向却退了。一整天无所事事的骑兵指挥官卢肯中将正准备派出轻骑兵去追杀，便被拉格伦勋爵阻止了。可能他觉得天色将晚不利行动，俄军也只是撤退，次序井然，显然并未受到重创，所以还是见好就收吧。这是他老谋深算，还是谨小慎微呢？

就这样，奥尔马河之战以联军的胜利落幕了。就算我妙笔生花，也不能将其形容为大胜。全局分析，俄军只是暂时后撤罢了。要塞尚完好无缺，敌军主力也实力不减，真正的战斗才刚刚开始。不过鉴于对俄军的轻视，我们所有人都认为远征军登陆后，最多将在 1 个月内结束战斗；而事实上后来我持续发往伦敦的新闻电报为报社创造了整整 1 年的收益。

巴拉克拉瓦的“新家”

奥尔马河的胜利使得联军通往塞瓦斯托波尔的道路被彻底打通。联军可以在海军舰炮的配合下，趁敌军要塞防御体系尚不完整时速战速决，一举拿下要塞。

然而战局突然发生了重大变化。首先俄军竟然把自己的黑海舰队凿沉了一部分以堵住港口的入海处，剩下的战舰保留在港内，舰炮被搬上要塞增强防御火力，水兵也被赶上岸，重新整编为要塞兵。俄军的自戕之举，倒也深得“存在舰队”战略①的要义。以风帆战舰为主的黑海舰队当然不是已经大规模应用蒸汽为动力的英法战舰的对手。与其意气用事冲出去寻死，不如驻停在港内，同要塞配合牵制英法海军。这样，一来英法海军必须在港口外巡逻才能监视俄海军；二来英法海军又不能进港支援陆军强攻。

① 以打不赢就龟缩在港内为原理的“存在舰队”战略是一种弱势海军理论。后来在日俄战争中俄国在旅顺又使了一次，但是彻底搞砸了；中国的北洋水师和德国的公海舰队也都曾有失败的案例。但就这一次塞瓦斯托波尔保卫战来看，俄军的决策应该是正确的。

俄国黑海舰队守港不出，上岸为塞，让英法海军伤透了脑筋。

过了两天，又有斥候报告，缅希科夫亲王将部分俄军撤离出要塞，转移到了塞瓦斯托波尔东北方。

这两个变化着实让拉格伦勋爵和圣阿诺德伤元帅透了脑筋。若按原计划从北方攻击要塞，固然可能快速拿下，省去后来一大堆麻烦。但是步兵就必须在没有海军支援的情况下，渡过港口的水面来攻击南面要塞。可这不是小小的奥尔马河，而是海啊，上面还有黑海舰队的舰只浮着呢。计划成功了还好，万一受挫，联军就会被舰炮和要塞炮当作火鸡打。我们可不想变成土耳其军。土军的战斗力之差，到真配得上“火鸡”①的称号。同时，游离于要塞之外的那支俄军也是严重威胁。俄军不仅能确保后勤线路的畅通，还能在得到大批援军后，择机从侧后方攻击联军。这腹背受敌的滋味可不好受。

于是两个将军在奥尔马河原地磨蹭了 3 天。圣阿诺德元帅认

① 英文中，“土耳其”和“火鸡”是同一个单词。

为应该采取稳妥策略，改由绕道要塞南方围攻①。拉格伦勋爵则倾向从北方快攻，但是为了维护联军团结，还是勉强同意了新方案。

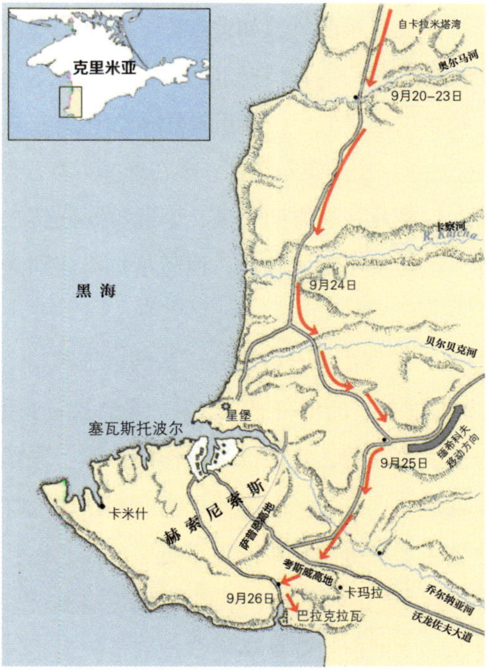

进攻塞瓦斯托波尔的路线示意图（红色线段）。

9 月 23 日，联军开拔，正式向南挺进。9 月 26 日，联军抵达克里米亚半岛南端的巴拉克拉瓦镇。我们得到了小镇居民的热烈欢迎。这当然不是俄罗斯人叛国，而是克里米亚原住民鞑靼人对摆脱俄国统治满怀期望。

信仰伊斯兰教的鞑靼人原本在克里米亚建立有自己的小小汗国，后来汗国成为土耳其的附庸。因奥斯曼土耳其本是伊斯兰世

① 这个变化受到很多历史学家的批评，甚至连丘吉尔也在他的《英语国家史略》一书中指出，如果联军按原计划立即从北面进攻，塞瓦斯托波尔本来是能够攻克的。

界的共主，双方倒也相安无事。但到了1783年，克里米亚被叶卡捷琳娜女王并入俄国版图。鞑靼人强烈希望联军能够击败俄国，帮助克里米亚再次独立[①]。

既然巴拉克拉瓦镇的气氛如此友好，拉格伦勋爵决定将英军大本营设在这里；法军指挥部在偏西方的卡米什（Kamiesh）。不知为什么，拉格伦勋爵似乎很照顾法国人。在奥尔马河之战中，他把中路突破的重任交给英军承担；现在选择大本营也同样如此，鉴于俄国援兵只能从东北方向来袭，因此英军必然在日后的战斗中首当其冲。虽然我不太懂政治，但还是觉得让别人当炮灰似乎更好些。

9月29日，又发生了一桩意外。法国远征军司令圣阿诺德元帅去世了。说是意外，倒也在情理之中。这个老头子受霍乱之累，开战以来一直病怏怏的，几次三番发作还拖累了联军的行动，英国人都期盼着他早点儿死。前半辈子都在同法国人打仗，又在滑铁卢战役中失去了右臂的拉格伦将军更是一点儿也不难过，假装默哀了一会儿后，就乐呵呵地招呼部下喝下午茶去了。

既然突袭要塞的时机已然失去，拉格伦勋爵决定在巴拉克拉瓦长期驻守下去，将这里作为攻城部队的后方基地。攻城方式按部就班，首先进行炮火破坏，再派陆军强攻；与此同时，俄军也在加紧修补要塞工事。此消彼长，攻陷要塞看来遥遥无期。时间一晃就过去了近1个月。

1854年10月25日，要塞围攻正酣。俄军大批增援部队突然出现在巴拉克拉瓦东北方向。英军只好就地排开阵型迎敌。该来的总是要来。这一次攻守互换，我们能够击退敌人的反扑吗？

① 如今克里米亚的主体民族既不是鞑靼人，也不是乌克兰人，而是俄罗斯人。1944年苏军收复被德国占领的克里米亚后，斯大林又以“叛国罪”为名，将18万鞑靼人驱离故土。

俄国人顽强地守住要塞，攻守双方僵持不下。

细细的红线

巴拉克拉瓦位于克里米亚半岛南部，是一片山地地区，众多山丘将这片地区分割成数个谷地。这里唯一的一条道路被称作“沃龙佐夫大道”（Woronzoff）。如果俄军完全控制了大道，攻城部队和巴拉克拉瓦大本营之间的联系将会被切断。没有来自后方的物资补给，攻陷塞瓦斯托波尔要塞当然无从谈起。

在大道穿越的考斯威高地（Causeway）上，联军依次建立了6个防御多面堡，其中4个由土耳其军驻守。大道左翼由部分法军和英军骑兵部队防守，右翼只有英军第93高地团和一小支陆战队士兵防守。联军指挥部所在萨普恩（Sapoune）高地是周边的制高点，视野很好，可以清晰地观察战况。

据侦察兵报告，俄军在利普兰迪将军的率领下，已经越过乔尔纳亚河（Chernaya），从东北方向逼近巴拉克拉瓦。其总兵力达到20000名步兵、3500名骑兵和76门大炮。俄军总指挥缅希科夫亲王的战略意图很明显，就是要切断联系巴拉克拉瓦和塞瓦斯托波尔的沃龙斯托夫大道，从而解要塞之围。

从人数来看，俄军显然占有巨大的优势，于是拉格伦勋爵立即命令在要塞外扎营的第 1、第 4 师南下支援独木难支的骑兵和高地团。然而两个步兵师迟迟未能赶来。事后我才知道，这两个师长在之前也接到过数次类似命令，结果等他们急行军 2 小时前来增援后，发现是虚惊一场，只好又哼哧哼哧撤回去。反复折腾几次后，他们决定动作慢一点儿，说不定不一会儿警报又解除了。此刻勋爵像极了《伊索寓言》中的牧童，高呼“狼来了”，却得不到回应。

战况万分危急。我有强烈的预感，在这个从地图上用放大镜都难以找到的小镇里，也许将会发生令全世界震惊的事件。

然而我在拉格伦勋爵那儿又碰了一鼻子灰，什么也没问到，最后决定悄悄溜下山坡。既然主帅不欢迎我，在战地指挥官那里也许能有个好待遇。腿脚勤、脸皮厚、笔头快是记者的基本素质，受点儿委屈、吃点儿苦不算什么，况且报社主编约翰·德莱恩发来电报告诉我，说我的文章很受欢迎，在国内引起了不错的反响。有一支民间医疗队就是在看到我的报道后，自愿赶赴克里米亚战场的。我很高兴自己的努力能够得到认可。揭示真相是我的最大目标，至于周边那些狐疑的眼光，只好视若无睹了。

我与苏格兰高地旅指挥官科林·坎贝尔少将在卡拉米塔湾登陆克里米亚半岛时曾有一面之缘。当时我们在同一艘登陆舟上。一个不知死活的英格兰水兵居然问少将，苏格兰士兵裙子里面到底穿了内裤没，结果被坎贝尔少将犀利的眼神吓得赶忙闭嘴，拼命地划桨。真是太粗鲁了，尽管我也很好奇这个问题的答案。坎贝尔少将虽然也不喜欢我的如实报道，但对这次远征中所暴露出来的问题也很不满，因此对我倒也客客气气，至少不会将我扫地出门，那我就从他那儿发掘些素材吧。

苏格兰高地旅下辖第 42（皇家高地）步兵团、第 79（近卫卡梅伦高地人）步兵团和第 93（苏格兰高地人）步兵团，全部由苏格兰人组成。据考古学家说，克里米亚半岛最早的居民就是凯尔特人。现在这些凯尔特人的后裔在两千年后又杀回来了。

苏格兰高地旅可谓战功卓著。这些穿着呢裙、手拿风笛的战士们在不久前的奥尔马战役中，比其他部队获得了更多的嘉奖。指挥官坎贝尔则是个爱兵如子的军官，传言在他的手下当兵，生存率居然高于煤窑里的矿工。虽然高地旅的战士们个个都是精兵强将，但是此刻只有第 93 团驻守在考斯威高地和大本营之间的南谷里，兵力捉襟见肘，也缺乏骑兵和炮兵的有力支持，情形十分危急。

“多面堡被突破了，俄国人击溃了土耳其军。”

我刚来到第 93 步兵团[①]，还没来得及向坎贝尔少将致以问候，就见一个传令兵高呼着奔过来。

土耳其军的表现一如既往地不堪一击，刹那间联军防线就被中央突破。

虽然因土军的战斗力低，被突破早已在意料之中，但他们哪怕是多撑一会儿，我们也有机会派出援军啊。尽管联军来到克里米亚也不是无条件的助人为乐，但毕竟是在帮土耳其人抵抗侵略，土军怎么能这么不争气？

就在第 93 团官兵骂骂咧咧的时候，2500 名俄军骑兵又马不停蹄地离开刚刚占领的考斯威高地，杀气腾腾地从北向南朝我方阵地冲来。

面对数倍于己的敌军，坎贝尔少将别无选择，必须死守阵地，因为越过第 93 团，俄军便可以直接冲进联军大本营了。

① 为了方便描述战局，笔者对拉塞尔的行动做了一定程度的调整——拉塞尔显然不可能真的到了第 93 团最前线亲历“细红线”，实际上他全程都是站在相对安全的高地上观察的。尽管这一情景有虚构，但下文中对战斗的细节描写都是有据可查的，绝非杜撰。

本团官兵全部来自有着强烈宗教信仰的苏格兰萨瑟兰郡和凯思内斯郡。整个团一共不超过 12 个姓氏，官兵彼此之间甚至都是亲戚。所以这支靠宗教热情和家族血缘联系起来的队伍战斗力颇为强劲，曾经在新奥尔良、巴巴多斯、新斯科舍等战场上立下赫赫战功。

可是那些战斗都是在步兵熟悉的环境中进行的。在旷野中，以步兵抵御骑兵的冲锋，几乎是不可能完成的任务。骑兵的快速突破能力远远超过步兵的射击速度。恐怕只经一轮齐射，俄军骑兵的马刀就已经劈在苏格兰人的天灵盖上了。于是，战士们的手开始哆嗦，汗珠从装饰着红白方格的黑色无边帽里流下。他们的眼睛里流露出惊惶和恐惧。

就在这时，第 93 团左翼的 2 个土耳其营一弹未发，率先撒腿跑了。他们在战斗时是孬种，逃跑时倒是很有技巧。他们没跑向南方的大本营——如果第 93 团战线被突破，俄国人会顺势南下，他们的马刀仍然不会放过逃兵们的后脑勺。这群人往西北方向逃，那里是该团的营地，有很多随军家属。只要躲在一群女人中间，他们就安全了。要对妇孺开杀戒，俄国人既没有兴趣，也毫无荣誉感。

苏格兰人面面相觑，脸上露出不知是蔑视还是愤怒的表情。这场面尽管有些滑稽，但足以让人紧张到了极点。只要有一个人神经脆弱，脱离队伍，整条战线就将顷刻崩溃。

“不许撤退，你们必须死在所站的地方！”值此危急时刻，坎贝尔少将，这个从军四十多年的老兵从马背上直立起来，抽出指挥刀，向着全团官兵命令。

副官约翰·斯科特立即高声回到道：“是，长官。只要需要，我们绝不后退。”

平时的训练在这时显现出了宝贵的凝聚力，动摇的军心逐渐稳定下来，大家都在等待少将的下一步命令。

然而要排列成厚实的方阵队形[①]来抵抗俄国人已经来不及了。方阵排列是一项精细活。就像歌剧院的座位一样，每排之间既要保持合适的间距，又要有恰当的错位。敌人转瞬之间就将进入射程。就在这电光石火之际，坎贝尔命令士兵排列成两行。

身着大红色军装的苏格兰高地团的士兵们立刻站立成长长的但是单薄的两队横列。从远处看，就像一条“细细的红线”[②]。

苏格兰高地团的士兵们排列成了“细细的红线”。

士兵们手持装上刺刀的新式“米尼”线膛步枪，冷冷盯着高喊着“乌拉”策马奔来的俄国骑兵。

1000码。

“稳住！”

800码。已经进入“米尼”步枪的有效射程了。

① 在冷兵器时代，骑兵绝对是步兵的克星。在平坦地形的野战中，骑兵几乎可以冲破任何步兵方阵。随着火器的出现，步兵相当于拥有了弓箭手的能力，这才使其对抗骑兵成为可能。欧洲步兵一般都使用滑膛枪，滑膛枪的射速和有效射程在对抗冲击力很强的重骑兵冲锋时仍显得不足，故步兵必须排列成厚实的方阵队形来进行对抗。

② “细红线”（thin red line）一词出自拉塞尔在《泰晤士报》上的战地报道，现在已经成为英语文化中固定的成语，用来形容弱小的力量勇敢抵御强权。后来美国人詹姆斯·琼斯创作了一部同名小说，反映的却是1942年美军在南太平洋的瓜达卡纳尔岛上同日军浴血奋战的故事。关于“细红线”和下文“重骑兵的冲锋”可参见215页上幅地图。

“稳住！”

600码。

“放！”

坎贝尔一声令下，第93团齐射。

随着无数白烟从枪口飘出，远处的俄国骑兵却一个不见减少，距离还是太远了。

射击没有作用，但细红线仍像钢铁一样死死地钉在地上，一动不动。

“上弹、瞄准、预备！”

350码。

“放！”

俄军人仰马翻，倒下去一大片。巨大的惯性推着俄国人继续前冲，但在第93团下一次齐射之前，为了避免更大伤亡，骑兵队伍不自觉地分成了两股，一左一右绕开了“细红线”正面。这给了高地团从容进行第3次齐射的机会。第93团右翼的英军掷弹兵连也适时射击，给予敌军一定杀伤①。俄军见占不到便宜，最终退去。

年轻的士兵们按捺不住胜利的激动，端起刺刀就准备反冲锋。

“收起你们见鬼的热情吧！”坎贝尔少将冷静地唤住那些头脑发热的苏格兰人。现在不是进攻，而是加强防御的时候。

望着落荒而逃的俄军，我走上前去，向坎贝尔少将祝贺道：“太了不起了！”

少将撇撇嘴道：“这线膛步枪真他妈的好使，照这么下去，骑兵恐怕会成为历史了。”

① 在不同的史料中，这个故事的细节也有不同之处。比如有关第93团齐射的次数和距离均有其他说法。大概是因为战斗现场十分混乱，以致不同个人的视角点和记忆也产生了混淆。

“米尼”步枪由法国人米尼上尉的团队发明，装备英国陆军还不到 5 年时间。这种步枪是线膛枪，准确度和威力大大高于传统滑膛枪；同时该步枪使用新设计的“米尼”子弹，其直径略小于枪管口径，因此也很容易填装，增加了射速。准确度、威力、射速同时得到提升，我们在单兵武器上占有极大优势。

也许步枪是很重要，但第 93 团的沉着无畏才是胜利的根本。

出于记者的职业习惯，我继续问道：“坎贝尔将军，您为什么不将队伍排列成标准的四行方阵，而是一字排开呢？”

坎贝尔少将自信地笑道：“我了解第 93 团，我们才不需要自找麻烦排列方阵。”

呵呵，真是个嘴硬的家伙。“细红线”只是危急时刻的权宜之计吧。

我向这位勇敢的将军道别后，便返回前往联军指挥部所在的山冈。

一路上走着，我开始纳闷起来：尽管“米尼”步枪确实很先进，但能打赢骑兵，还是有些不可思议！如果俄军铁了心要冲锋的话，第 93 高地团是不可能阻挡得住他们的[①]。敌人为何如此轻易地放弃？

后来等我掌握了更多信息后才明白，“细红线”的成功，与其说是战术有效，不如说是心理胜利。那俄军指挥官见到苏格兰士兵岿然不动，就怀疑后面一定还有大部队埋伏，这才主动后撤。当然这也证明了这支俄军先头部队的进取心不强，只满足于控制考斯威高地。如果当时俄军以攻占巴拉克拉瓦英军大本营为首要目标，不待围城的联军回来救援就掀翻我们的老巢，那么克里米亚战争的最后，鹿死谁手还犹未可知。

① 其实直到机关枪普及后，骑兵才慢慢退出军事舞台。

现在回想起来真是后怕啊!

除了苏格兰人的英勇阻击外，另一场厮杀也几乎同时发生，迫使俄国骑兵退回到考斯威高地。我则有幸目睹了本时代最壮观的一场大搏斗——

重骑兵的冲锋

骑兵无疑是技巧要求最高的兵种。不仅要训练人的胆量，也要控制马的脾气。也许我的读者会提出反对意见：技巧要求最高的难道不是海军？海军不仅其技术性更复杂，而且其组织性要求也比骑兵高得多。骑兵还可以一人一马就上战场，但海军没有几十号人默契配合，连船都开不出港。

道理也许是这样，但是海军士兵有骑兵潇洒、帅气么？皇家海军的地位固然很高，但哪位名门闺秀不是优先将芳心默许给英俊的骑兵军官呢?

自从登陆克里米亚以来，咱们漂亮的英国骑兵基本上只是看客。奥尔马河战役时，他们被禁止发起追击；围攻要塞时，工兵、炮兵和步兵们干苦活儿，轮不到骑兵优雅地上阵。所以，他们被布防在攻城部队的后方待命，于是正好同刚刚从考斯威高地冲下来的俄国骑兵碰了个脸对脸。

一小部分俄骑兵刚刚在第 93 高地团的阵地上吃了亏，而英国重骑兵则承受了敌军主力的进攻。

克里米亚远征军的骑兵师是大英帝国的精锐，也是最费钱的陆军部队，下辖重骑兵旅和轻骑兵旅各 1 个。骑兵部队的总指挥官是卢肯伯爵。重骑兵旅由詹姆斯・斯卡莱特少将指挥；轻骑兵旅由卡迪根伯爵指挥，在远离战场约 500 码（约 460 米）的地方待命。说起来卢肯伯爵还是卡迪根伯爵的妹夫，两人都有着贵族头衔。不过他俩却彼此厌恶，这在伦敦的社交场里是出了名的。为什么把这两个人放在上下级的位置上合作，也着实让人匪夷所思。正当骑兵大显身手的时候，千万别出什么岔子呀！

斯卡莱特少将手中控制着 10 个中队的重骑兵。其中皇家苏格兰灰骑兵团①、恩尼斯基伦（Inniskilling）第 6 龙骑兵团、第 5 近卫龙骑兵团的 6 个中队组成两列纵队前进；第 1 皇家龙骑兵团和第 4 近卫龙骑兵团的 4 个中队跟在后方。

漫山遍野的俄国骑兵正从考斯威高地冲下南山谷。灰色的军服将大地覆盖成了灰色海洋。斯卡莱特立即命令左纵队变换成横队第一排，右队作为第二排，然后他一马当先，率先冲进俄军的骑兵阵中。他的副官艾略特和号手也紧跟其后，一步不落。后面第一横列的 300 名骑兵夹紧马镫，抽出马刀，犹如一道红色奔流，要将这灰色的海洋搅得天翻地覆。

恩尼斯基伦第6龙骑兵团、第5近卫龙骑兵团的重骑兵猛烈冲击俄军。

① 这是直译的译名，也可根据番号译为第 2 皇家龙骑兵团。

俄国人没料到刚冲下坡就碰上了不要命的冲锋，似乎有些发懵，愣在原地没动，结果扎扎实实地经受了一次重骑兵的正面冲锋，接着是第二横排的二次冲击。骑兵的冲击力如此巨大，以至于将俄军的阵型打穿。接着双方骑兵混战一团，相互用马刀砍杀。不断有红衣或灰衣战士从马背上倒下，就算侥幸未受致命伤，也很难躲过乱蹄的踩踏。事后收容伤员时，军医发现斯卡莱特少将身上有 5 处受伤，艾略特的全身上下甚至有 14 处伤口。

混乱中俄军还想重新组织阵型进行一次反冲锋，皇家骑乘炮兵发射的 24 磅炮弹断绝了他们的最后努力。俄军只好撤退，回到了考斯威高地的出发点。从敌人进入谷地到他们被打回原点，前后不过十来分钟。

此刻正是追击敌人的大好时机。虽然英国重骑兵和战马已经精疲力竭，但我们的轻骑兵还能量满满，定能给混乱的敌军以致命一击。然而我等了一分钟又一分钟，轻骑兵旅好像对战场的变化视而不见。我的上帝，他们错失了多么好的机会啊！

等我回到英军指挥部时，卡迪根伯爵的解释也送到了拉格伦勋爵手里。他辩称是收到卢肯伯爵的命令，要求他原地待命，以防守任何可能的攻击。同时卢肯伯爵则说，这是他的命令没错，但是也授权卡迪根伯爵可以在有利情形下临机处置。

拉格伦勋爵十分不悦，不过这两个将军都是世袭伯爵，高贵的血统与之不相上下，便不好发作，写了个字条送给了表现优异的斯卡莱特少将，就三个字："干得好"。

骑兵师的裂痕已然出现。只是这时我还不能预料到这将导致多么惨痛的悲剧。

这一天里，展现出勇气、纪律和技巧的全体重骑兵官兵无疑是帝国军人的表率。丁尼生先生也为此作了一首短诗，虽然不如他的《轻骑兵的冲锋》后来那样有名，如今读来也一样动人心魄。

重骑兵的冲锋[①]

一

冲锋，英勇的三百重骑兵！
山脚下，山脚下，有数千俄国兵，
几千骑兵，行进到山谷，列队驻停；
当俄军的矛尖出现在天际
斯卡莱特和他的三百勇士正骑行；
他呼喊着：向左转，排成列！勇士们听令左转弯。
他看到敌军踌躇不前，却不知道原委，
于是他原地转半圈，命令战号吹起
冲锋，他挥舞着马刀，驰在最前
英勇的三百勇士，他们的荣耀永不灭——
“跟我来”，向着山顶，向着山顶，向着山顶，
紧跟其后，重骑兵。

二

军号，疾驰，冲锋和战斗的威力！
几千骑兵已经登上了高地，
一支扑向左侧，一支猛攻右翼，
假如他们靠近，谁将会逃避？但是他一个人冲向前
穿过伟大的灰骑兵行列，
紧握着自己的马刀，挥舞摇晃
那时那地，好样的英国人。
刹那间，一股力量紧跟随

① 该诗由本书作者译自《德尔菲诗人系列：艾尔弗雷德·丁尼生》［Alfred, Lord Tennyson（Delphi Poets Series）］。

狂暴的道路上，身后是那三勇士[①]，
他们犹如楔子，挤入群马中，
在狭窄的缝隙里，殊死搏斗——
四人身陷千军万马！冲向山顶，冲向山顶，
飞驰吧，英勇的三百勇士，英勇的重骑兵。

三

像炮弹一样横扫，
像雷电一样爆发，
像飓风一样撕裂，
从下方击碎敌人的方阵，
冲入敌军中间，
一次又一次，杀进杀出，
像一道道闪电划过，
勇敢的英尼斯基伦和灰骑兵[②]啊
战刀旋舞，如光的圆廓！
旁观者莫不惊叹，
谁能在战斗中继续坚持，
谁只是呆站着观望，
当黑压压的俄军
从左右向中间合围
犹如乌云滚滚袭来，
噢，我们为这样的冲锋和战斗而疯狂，
当我们好样的红衣勇士消失在视线中，

① “三人”指的是斯卡莱特的副官艾略特、号手和一个名叫寒古的骑兵，他们紧跟在斯卡莱特之后。

② 指的是来自英尼斯基伦团和灰骑兵团的 2 个中队。

好似血滴融入灰色的海洋，
我们面面相觑，窃窃私语，
“失去了斯卡莱特勇敢的三百重骑兵！”

四

“失去了将军，失去了全部”
沮丧的低语如是说；
但是他们像胜利者和贵族那样
通过长矛和利剑的森林
在俄国阵列的心脏中，
他们骑行，而且在困境中搏斗——
用剑攻击和屠戮
用持缰的手将敌人从马鞍上
拽下并抛出
在战斗的地方肆意践踏——
动如风暴，静如磐石
就在这狂暴一天的高潮中；
直到猛地冲击一次又一次
寡不敌众也毫不犹豫动摇；
在狂野的混乱中驱使它，
我们的勇士欢呼着，怒号着驰行，
敌人汹涌而来，却力不能支，终蹒跚而去
向着山顶，向着山顶，向着山顶，赶走敌军，
直到消失在山风后。

五

光荣属于每一个人，所有的人，属于他们的冲锋！

光荣属于三百好汉，属于所有的重骑兵！

自命不凡的传令兵和钩心斗角的将军

“拉塞尔,谢天谢地,你总算安全回来了。”诺兰上尉一见到我，就吩咐他的印度仆人协助我下马。

直到这时，我才发现自己的双腿还在不住地打战。

“刚才真是太危险了，《泰晤士报》的社长应该多给你发些前线津贴！”

“哈，你这倒真是提醒我了。希望我的稿酬以后可以稍微提高点儿。”我强作镇静道。

诺兰上尉问：“如果不是为了钱，你为什么来前线呢？军官大部分都是贵族，来这里是为了荣誉；士兵是为了混口饭吃；可你呢，拉塞尔先生，你为什么要冒这么大的风险来这里？”

我沉默了。

8个月前，当《泰晤士报》派我来跟踪报道这场战争时，曾经许诺给我一笔丰厚的奖金。不过这笔尚未兑现的回报远远不能弥补我经历的危险和困难。在中途我确实曾想过要打道回府。但和军队待在一起的时间越长，我就觉得越有责任报道真实的战况。大英帝国的远征军远不似官方公报所描绘的那样光鲜。这里缺医短药、给养匮乏，长官在舰艇上有舒适的房间，士兵却只能在烂泥堆里残喘。我们需要报道胜利，也需要报道苦难；读者需要看到光荣，也需要看到牺牲。发出另一种不同的，但是真实的声音，就是我来到这里的目的。可惜这套说辞在这里不可能得到共鸣。

我朝诺兰笑笑，没有回答他的问题，而是询问他能否帮我找一处好位置，既方便观察整个战场又不太打眼。

“当然可以。”诺兰将我带到拉格伦勋爵所在地的左后方，那里有一顶帐篷正好可以避开勋爵的视线，还可以清楚地听到他们说的话。

“这里是仅次于拉格伦座位的一等包厢了。好好欣赏大戏吧。”诺兰递给我一架望远镜，又匆匆离开了。

看戏？我瞅瞅四周，确实是戏院的气氛。拉格伦勋爵正舒适地坐在椅子上和埃雷将军聊天，一些随军的平民（家属、工匠、后勤人员等）甚至摆开了桌子和餐布，端出了饼干和葡萄酒，准备好好享用这战地野餐。舞台就是克里米亚半岛南部的高地和谷地。这里干燥贫瘠，缺乏植被，所以从我们所在的地点看过去，整个战场一览无遗。舞台上的演员们都已悉数登场，远远看上去就像棋盘上的棋子，等待主人的操控。

这个棋局的棋手分别是坐在东端的俄国利普兰迪将军和坐在西端的拉格伦勋爵。棋盘上一共有 2 个高地及 2 个山谷。两个高地现在都被俄军占领，其中最北面的是费迪尔凯高地（Fedyukhin Heights），棋盘中间则是联军刚刚丢失的考斯威高地。考斯威高地和费迪尔凯高地所夹的北山谷暂时风平浪静，其东西两头分别驻防着俄军步、炮兵和英军的骑兵部队。

不久前挺过俄军骑兵冲锋的第 93 团正在考斯威高地的南山谷加筑防御，俄军已经退回到考斯威高地上，看上去第 93 团和南山谷暂时没有危险。刚才为了支援第 93 团防御，重骑兵旅也对俄军发动了攻击，并取得了一定战果。而轻骑兵旅则一直闲着，是时候让他们发挥关键性作用了。

现在我们已经看到了精彩的前戏，真正的大戏将如何上演呢？

“大人，俄国人正在拖走我们的火炮。我们还在等什么？应该让骑兵马上进攻。”诺兰上尉突然冲到指挥官面前。

拉格伦勋爵十分诧异地看着激动的诺兰，说道：“冷静，年轻人。

我看见了，而且比你看得更清楚。”

由于考斯威高地上的多面堡被攻陷，俄军正在将土耳其人留下的丰厚礼物——大炮移到他们的阵地后方。炮是一支部队的尊严，丢弃了炮就和丢弃军旗一样令人无法容忍。

诺兰算得上是我军骑术最好的人，同时在骑兵战术理论上也甚有研究。他本隶属第15轻骑兵团，可是现在却给埃雷将军做副官，恐怕他感觉颇为屈才。现在正是要利用骑兵快速机动的能力，乘敌人阵型混乱之际，将大炮抢回来，说不定还能顺势收复考斯威高地。自视甚高的诺兰便忍不住发表了上述一番“高见”。事实上，第1、4步兵师回援姗姗来迟，重骑兵刚激战后休整，目前拉格伦勋爵手里唯一能动用的大部队也只有这支轻骑兵旅了。

对于诺兰上尉的无礼举动，拉格伦勋爵倒也不去计较，向一旁的埃雷将军口述下列命令，并由埃雷亲自撰写签字：“拉格伦勋爵希望骑兵迅速投入前线，并阻止敌拖走大炮。骑炮兵部队可伴随作战。法国骑兵在你左翼。立即。”①

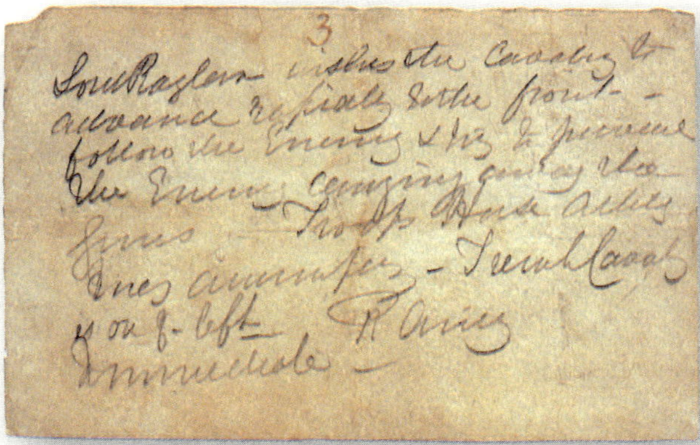

拉格伦勋爵下达给轻骑兵旅的手令。

① 这段话的原文是：“Lord Raglan wishes the cavalry to advance rapidly to the front, and try to prevent the enemy carrying away the guns. Troop of horse artillery may accompany. French cavalry is on your left. Immediate.”

勋爵核对无误后，便招呼传令兵过来。

“我去送，大人。”还在一旁的诺兰上尉抢先一步伸出左手。

拉格伦勋爵第二次惊异地看着冲动的诺兰，犹豫了一会儿，还是将字条交给了他。

诺兰潇洒地跳上自己的名种战马，冲下山岗，向骑兵部队奔去。

看着诺兰轻盈的背影，勋爵似乎还不放心，又站起来高喊着：“告诉卢肯伯爵，骑兵立即进攻。”也许勋爵对稍早时间轻骑兵贻误战机一直耿耿于怀，再次用口头命令增加手令的严厉度。诺兰骄傲地举起右臂，示意听见了统帅的指令，头也不回地绝尘而去。

拉格伦勋爵缓缓坐下，目送着在山坡上轻盈奔驰的诺兰背影，阴郁地说：“我不喜欢这个年轻人。他骑术太好，自以为知道很多，却没有用心去思考。”

埃雷说：“虽然是个人才，但还很不成熟。”

拉格伦勋爵点点头，嘟囔道：“希望不要出什么乱子。”

能出什么乱子呢？命令很明确，就是阻止俄军拖走大炮。从我这个位置看过去，考斯威高地上的俄军动向一目了然。现在俄军正忙着抢战利品，防御松懈。只要我们的骑兵及时冲过去，就可以夺回大炮和多面堡。

只是由一个自命不凡的上尉给两个水火不容的人传达命令，总觉得有些别扭。

诺兰的骑术果然一流，在高地起伏的山岗和山谷中，他自如地操控战马，很快就到达骑兵驻地。

我用望远镜观望，见他将拉格伦勋爵的手令交给了卢肯伯爵。但卢肯伯爵似乎反复读了好半天，最后终于前进到轻骑兵旅的阵地，又将手令递给了卡迪根伯爵。我又朝考斯威高地望去，只见俄军已经将大炮套上了马车，很快就要拖走了。轻骑兵们，还等什么？建功立业的机会到了！

然而骑兵阵地上却毫无动静，他们似乎对这道命令无动于衷。

突然，卢肯伯爵、卡迪根伯爵、诺兰上尉三人争吵起来。卢肯伯爵不住地摇头，卡迪根伯爵似乎正责备诺兰上尉，而诺兰上尉则情绪激动，举起手臂指向俄军方向，收回来后又一次用力地伸开。他的坐骑也感受到了紧张情绪，在 2 位将军面前来回踱步，安静不下来。

怎么回事？似乎两位伯爵对命令有不同的理解，而诺兰上尉便咒骂骑兵旅抗命。不过他们的争吵很快就结束了。卡迪根伯爵率领轻骑兵旅开始列队，缓缓启动。诺兰上尉没有回来，而是加入到第 17 枪骑兵团的队列中。他将用实战功勋来证明他的骑兵理论和战斗技巧。

正在谈笑间的拉格伦勋爵根本没有注意到这些细节，看到轻骑兵旅行动起来，他高兴地要求身边的人员安静下来，观看一次完美的骑兵冲锋。不，严格地说这不是一次冲锋，应该是对“灰色牲口”[①]们一次砍瓜切菜般的屠戮。

轻骑兵旅共有 5 个团，分别为第 4、第 13 轻龙骑兵团、第 17 枪骑兵团和第 8、第 11 轻骑兵团，共计 673 人。他们排着整齐的队列出发，渐渐将速度提升，旋即就到了考斯威高地边。冲上去，冲上去战斗就结束了！然而令我，令拉格伦勋爵，令所有人都大吃一惊的是，轻骑兵们并没有向右转冲上高地，而是笔直冲进了考斯威高地北面的山谷。

他们走错路线了！

“他们在自杀！”拉格伦勋爵轻呼道。

① 俄军以灰色军服为主，加之人数众多，又是农奴兵，因此西方人习惯将其蔑称为“灰色牲口”。

愚蠢的指挥，光荣的冲锋

北山谷由考斯威高地和费迪尔凯高地相夹形成。这 2 处高地均被俄军占领，山谷的东端是他们的阵地，谷地三面也均布有俄军的炮兵和大量步兵。如果俄军居高临下射击，这近 1 英里的北山谷将成为真正的死亡山谷。

轻骑兵旅继续前进，向着山谷的尽头，那个死亡的终点奔去。

我突然明白了，为什么那 3 个军官在沉默，在犹豫，在争吵，因为他们对拉格伦勋爵的命令有不同理解，不幸的是他们恰恰选择了错误的理解。从拉格伦勋爵所在的制高点观察，考斯威高地上俄军的行动一目了然，然而在北山谷西端的骑兵旅却因视线受阻，看不到考斯威高地上的情况，自然也看不到考斯威高地上的大炮。他们唯一能看到的大炮却是在山谷的另一头。于是根据手令的字面意思理解，骑兵要在毫无侧翼掩护的情况下，冒着敌军三面射击的危险去正面攻击俄军，夺取大炮。还有比这更愚蠢的命令吗？

不到 1 个小时前，拉格伦勋爵已经对轻骑兵没有及时支持重骑兵旅的冲锋而颇有微词。如果卢肯伯爵和卡迪根伯爵再次迟疑，他们的行为会被人解读为贪生怕死，他们将彻底失去军人的荣誉。作为高傲的贵族，两位伯爵别无选择。对全体轻骑兵官兵而言，执行命令是军人的基本义务，即使明知冲进山谷是死地，所有人还是得义无反顾地踏上这条不归路。

可是诺兰上尉应该很清楚主帅的真正意图啊！终于，上尉发现了轻骑兵们正向着错误的目标前进。只见他挥舞起马刀，发疯似地追向跑在轻骑兵队列前面的卡迪根少将，并大声呼喊着什么。

就在这时，俄军开炮了。一颗炮弹正好在诺兰上尉的头顶爆炸，上尉身子一斜，马刀从手中脱落。弹片击中了他的要害。他试图挥手，却终于栽倒在马下，腿还挂在马镫中，战马拖着他继续疾驰。

卡迪根少将带领轻骑兵继续向前冲杀。

卡迪根少将回头望了望这个已死去的年轻上尉，大概不明白他又激动什么。轻骑兵旅丝毫没有放慢步伐，他们绕过诺兰的尸体，坚定地跟着卡迪根少将向前。

后来我在报道中这样写道：

“现在发生了使我们感到极为忧伤和悲痛的灾难……唐·吉诃德袭击过风车，但也没有像这些英勇的士兵那样鲁莽和轻率，他们连想都不想就向前猛冲，几乎肯定是白白送死……

“他们披着朝阳，在壮烈的战斗气氛中豪迈地向前冲锋。我们几乎不能相信自己的感官了！这寥寥无几的人决不会是在向掘壕据守的敌人冲锋吧？啊！千真万确是在冲锋……他们分两队前进，在接近敌人时加快了行进速度。

“人们无力支援，亲眼看着英勇的同胞投向死亡的怀抱，再没有比这幅情景更可怕的了。在1200码（约1100米）外，敌人突然全线开火，30门大炮泻出潮涌般的烟雾和火焰，从中穿过的致命的子弹嘶嘶作响。齐射的子弹使人和马的尸体飞散，被受伤或无骑手的战马载着穿过这块旷野。

“第一道战线被打垮了，第二线的人马又参加进去，他们一刻不停，也一刻不放慢速度。在俄国人设置的密度极高的30门大炮的轰击下，这支队伍人数逐渐减少，钢铁的闪光在他们头顶上形成了晕雾，他们的许多杰出的同伴临死时的呼叫声像是喝彩，于是他们飞快地冲进了枪林射出的硝烟中。但是，在他们尚未越出人们的视野以前，平原上已布满了人和马的尸体。他们除了面对滑膛枪的正面射击，还受到两边小山包上炮群的夹击。”①

第11轻骑兵和第17枪骑兵团奋勇杀敌。

① 本小节中的楷体文字均摘自拉塞尔发给《泰晤士报》的报道原文，参见《世界著名战地记者经典报道》，下同。

英勇的轻骑兵们还在前进。他们前进的速度已经达到最大，枪骑兵们将长矛平放，夹在腋下；龙骑兵们则直立着站在马镫上，将马刀高高举起。没有一匹马在炮火下退缩，没有一个人在强敌面前胆怯。

冲锋、冲刺、冲杀！

轻骑兵们在马蹄带起的滚滚烟尘中，杀入了敌阵。

“透过烟云，我们可以看到他们骑马向枪口冲去，在其间左冲右突，马刀闪闪发光，砍倒了站立的射手。我们看到他们冲垮了俄国人的一个步兵纵队，把敌人像干草一样驱散，然后又返回的情形。”

然而俄军人数占优，阵地建设也很完善，冲进去的轻骑兵们寡不敌众，在肉搏战中，大部分都牺牲在俄军的枪口和刀剑之下。

“快撤退，快撤退，不要再硬拼了。”我心里说。

终于，潮水般的骑兵用尽了最后一丝力量，他们不得不与敌脱离接触，向回撤退。

“此时小山包上的侧翼炮群的火力向他们泻下，他们又像早先那样溃不成军。伤兵和摔下马背的人向我们飞奔而来，讲述了这件令人悲痛的事——我们没有做到的事，换成神仙也是做不到的。”

稍微令人安慰的是，拉格伦勋爵许诺的法国骑兵终于在关键时候攻上了费迪尔凯高地，压制住了这个高地上的俄军攻击，否则轻骑兵旅在撤回的路上就要全军覆没了。

短短 20 分钟内，轻骑兵旅便失去了两百多名勇敢的官兵和近五百匹战马，而他们的牺牲却毫无意义。

在拉格伦勋爵身边观战的法军将军皮埃尔·博斯凯特说：“真是太壮观了，可惜这不是战争。”

不是战争，那是什么？

“这是疯狂。”似乎在回答我的疑问，博斯凯特将军补充道。

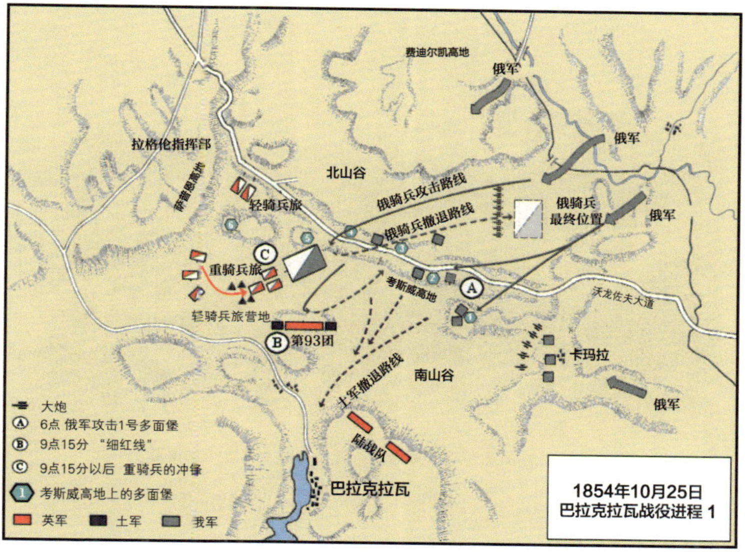

“细红线”与“重骑兵的冲锋”。

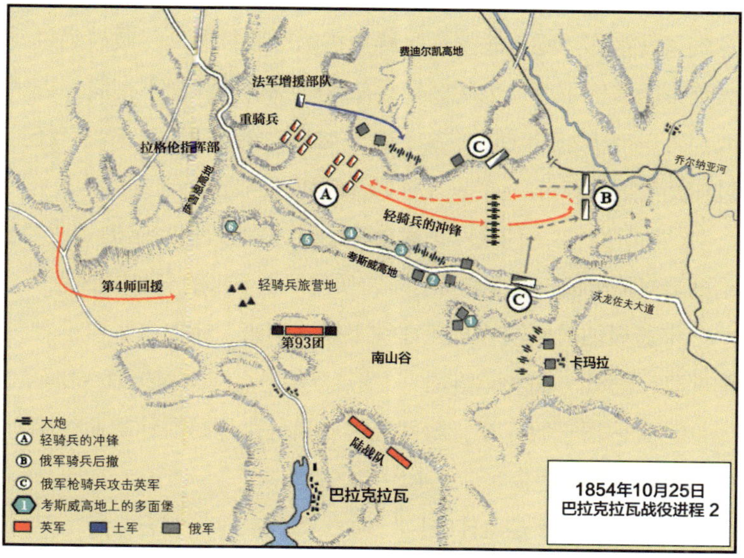

“轻骑兵的冲锋”。

远处的山坡就是考斯威高地，轻骑兵们却主动进了包围圈。

都是你的错

轻骑兵们拖着负伤的躯体，陆陆续续回到了营地。出发前的意气风发换作了垂头丧气；光鲜挺拔的军服被撕扯得破破烂烂。大英帝国曾经不可一世的轻骑兵旅就在我们的注视下彻底失去了战斗力。自从40年前的拿破仑战争之后，英国军队从来没有经受过如此沉重的打击。这是一次彻头彻尾的失败和耻辱。

“你刚才在干什么？正面攻击炮兵，罔顾两翼夹击？”拉格伦勋爵气愤至极，连尊称都省了，质问败退下来的卡迪根伯爵。

卡迪根伯爵刚刚才从死亡线上挣扎下来，还失去了自己宝贵的部队，也怒气冲冲地嚷嚷：“我接受的是卢肯的直接命令！”

卢肯伯爵一脸无辜，辩解道：“我是执行勋爵你的命令啊！我这里还有你的手令和诺兰上尉传达的口谕。”

“我的意思不是这样的！”

“我就是这样理解的！”

“你理解错了！”

“不，诺兰上尉就是这样说的！”

……

终于，争吵不休的三个人同时喊道：“该死的诺兰在哪里？”

当见到刚刚被抬回来的诺兰的遗体后，卡迪根伯爵才跺跺脚，悻悻地转身召集剩下的人马向巴拉克拉瓦镇转移。据说当晚他喝得酩酊大醉。卢肯伯爵骑马扬长而去，同时用含糊不清的言语咒骂着，也不知道他是诅咒拉格伦的失误还是卡迪根的愚蠢，反正不是自己的错。拉格伦勋爵一脸茫然地望着远处狼藉的战场，丝毫没注意到自己塞进军大衣里的右袖从衣兜里滑落出来，空荡荡的袖口在微风中无奈地摇摆。

我走近诺兰上尉。这个半个小时前还英姿勃发的青年已经变成了一具冰冷的尸体。他的蓝色眼睛至死也没有合上。就在诺兰上尉发现了错误，试图警告卡迪根伯爵的时候，一块弹片击中了他的胸部。他在最关键的时刻倒下，他犯下的错误永远无法弥补了。

我抬头张望，希望周围的人帮助我收容遗体。可是人们都视而不见，只有诺兰的印度仆人还忠诚地守护在主人身旁痛哭。

诺兰上尉确实犯下了大错。他明明知道拉格伦勋爵的真实意图，却没有向卢肯师长和卡迪根旅长解释清楚，就贸然催促他们发动冲锋。然而另外三位大人就毫无责任吗？拉格伦勋爵高高在上，自以为对战局洞若观火。可是他发布的命令却存有巨大歧义。悲剧的首端就来自于他。两位伯爵也本应该再三确认命令的含义。对长官的命令要绝对服从，但并非盲目。服从是建立在自己深思熟虑的基础上的，高级军官尤其要谨慎。到底是贵族军官的荣誉重要还是普通士兵的生命重要，是应该好好思考一下了！

2 个回援的步兵师终于到岗了。不过由于没有骑兵配合，俄军也加强了考斯威高地上多面堡的防御，再试图强行夺取高地的控制权不仅更困难，还将失去更多的生命。我们流的血已经够多了，该歇一歇才好。俄军毫无疑问是当天的大赢家。他们占领了高地，掌控了高地上的沃龙佐夫大道，还得意扬扬地牵走了 7 门大炮，拖到要塞升级成了他们的防御利器。但是俄军的进攻势头也得到了遏制，暂时也只好偃旗息鼓。于是双方不约而同地拉开距离，各自在自己的防御阵地上舔舐伤口。

我默默地合上诺兰上尉的眼睛，爬上一辆大车，离开了这个悲伤之地。

虽然大车内晃晃悠悠，但我还是掏出笔记本和铅笔，记录下我刚刚见到的一切。从清晨开始，我就粒米未进，可记者的职责鞭策我要在记忆和激情退去之前，在第一时间为《泰晤士报》发去报道。我的报道将送往君士坦丁堡，在那里通过一种叫“电报”的新玩意儿发送到伦敦，一瞬间就可以送到，比传统的邮船或驿站传递快了不知多少倍。全英国的读者很快就会知道刚刚发生在这里的可歌可泣的故事。

迟来的胜利

从整个战场态势分析，联军的处境相当被动。本来攻陷塞瓦斯托波尔是第一要务，此刻却不得不分兵出来防御增援的大量俄军。不巧俄军占领的沃龙佐夫大道也是英军向攻城部队输送给养的干道，这将导致原本就不便的英军后勤保障更趋恶化。相较而言，法军的补给港在西面，距离要塞也更近些，后勤困难要小得多。

站在俄国人的立场上来看，他们的日子也不好过。克里米亚远离俄国的经济中心，全部给养均靠马拉牛背，补给效率甚至还不如虽远涉重洋但拥有大型运输舰的联军。俄军破解塞瓦斯托波尔之围的战略目的也没完成。

双方就这么僵持在巴拉克拉瓦，谁都不满意，尤其是俄军，他们急着去增援在要塞里苦等的守军。于是很快，在更靠近要塞处的因克曼（Inkerman）这个地方又发生了一小一大2次战斗。小因克曼之战基本上属于试探接触；大因克曼之战发生在11月5日。俄军出动了42000多人参战，但是他们的密集步兵阵型被联军的“米尼”步枪打得溃不成军，伤亡12000人后含恨退去；英军的伤亡数字是2357人，其中阵亡597人。这是连日来俄军最大规模的一次主动出击，受挫之后，估计他们短时间内不会再有野心在外线主动进攻联军了，只能将重点聚焦到内线要塞防御上去。

英俄两军在因克曼短兵相接。

得益于这场胜利，拉格伦勋爵受封陆军元帅军衔。真应该祝贺他。不过殒命在巴拉克拉瓦死亡谷地的轻骑兵们大概会有不同意见吧！

渐渐地，英军最大的敌人变成了天气。虽然克里米亚在俄国南部，但进入11月后，这个国家可怕的寒冬还是成为所有入侵者的噩梦。一场剧烈的风暴严重破坏了皇家海军的舰只，巴拉克拉瓦港也被迫关闭，整个联军一时被困在半岛，只能依靠剩余的物资勉强度日。

这些不利情况都被我如实地写进了新闻报道中，一时伦敦舆论大哗。人们对是否还应该持续这场战争进行了激烈的辩论。联军之所以登陆半岛，就是为了攻克黑海舰队基地，间接帮助海军消灭敌舰队。既然俄国人自己凿沉了大半黑海舰队，战略目的其实已经完成，还有必要纠结于要塞本身吗？但是，正如所有投入巨资于赌场的红眼赌徒一样，小赚一笔可不是他们的习性。既然塞瓦斯托波尔要塞已经近在咫尺，俄军也无力发起解围攻击，还不如再坚持一会儿，以期待更辉煌的完全胜利。至于寒冬嘛，请英国远征军自行克服吧！

“现在大雨瓢泼——天色像墨一样黑——大风在摇摇欲倒的帐篷上呼啸——战壕变成了排水沟——帐篷里的水时而深达 1 英尺——我们的士兵既没有保暖服，也没有防水衣——他们陷入冬季战役的不可避免的苦难中——然而似乎没有一个人关心他们的冷暖，甚至他们的生命……同他们相比，成天在风雨中流浪于伦敦街头的可怜的乞丐过的则是王子般的生活。”

我和士兵们一起，哆哆嗦嗦地挤在四处漏风的帐篷里，一起诅咒老天、诅咒俄国人、诅咒长官们、诅咒首相和女王。把所有人所有事全部骂完一遍后，大家才裹着似乎永远也干不透的军服东倒西歪地睡去。

由于要塞阵地离巴拉克拉瓦大本营的军需仓库还有 7 英里左右，因此如何把补给送到前线是个大问题。在畜力匮乏的情况下，大部分英军不得不放下武器，成为搬运工，将一箱箱、一袋袋物资背回来，这才避免了围城之役不战自溃的窘境。

1855 年的春天终于来临了。工程师们也没闲着，趁着好天气居然建造了一条连接大本营和前线的铁路。吐着白烟的钢铁怪兽在崎岖的丘陵地带呼啸前行，给前线带去了亟需的药品、衣食、武器弹药，装回来成百上千的伤员和尸体。大家都很满意。

此后的作战虽然一波三折，但在强大的火炮支援下，后勤无虞的联军经过多轮大规模炮击，终于在 1855 年 9 月 8 日攻克了塞瓦斯托波尔要塞。9 月 11 日，俄军将剩余的黑海舰队全部自沉。

从登陆克里米亚到胜利攻城，过去了 12 个月时间。在这个浸满鲜血的地方，俄军伤 26 万人，亡 14 万人，其中有 10 万人是在要塞保卫战中战死①；英军死亡了约 2 万人，其中只有不到 3000 人死于战场，剩下的 1.6 万人大多死于各种各样的疾病。在这杀戮的一年中，法国人失去了圣阿诺德元帅；英军统帅拉格伦勋爵于 1855 年 6 月在前线病逝；俄国人则在 1855 年 3 月欢送走了旧沙皇尼古拉一世——他因肺炎突然死掉，不过在圣彼得堡充斥着他是自杀而亡的传言。

战争结束了，我也该回家了。

不，我还有一个任务没有完成，我一定要见到“她”。

提灯女神

“请问新建立的野战医院在哪儿？”我回到巴拉克拉瓦镇，随手拦住一位军官问道。他指着一座简陋的建筑物对我说：“就在那儿。拉塞尔先生，您不是要采访那里的护理队队长，从国内来的大名人吧？”

我点点头，这也正是我到医院的目的。

① 一个名叫列夫·托尔斯泰的年轻俄国人在围城中活了下来并突围了出去。此刻他还是默默无闻的小军官，日后他写下了《战争与和平》《安娜·卡列尼娜》《复活》等不朽名著。

军官不以为然地说："打仗总是会死人的，从来就是这样。这些士兵都是从大街上拉来的杂碎。给他们修这么好的医院，可别把这些畜生惯坏了！"说完，他神情不悦地扬长而去。

我叹了口气，心里五味杂陈。这就是现实，贵族军官们固然勇敢坚强，视荣誉为生命，同普通士兵一样也承担了极大的痛苦和牺牲；但他们却丝毫不在意，甚至漠视士兵们的福祉。尽管打败敌人对强大的英国而言也不是轻而易举，但改变固有的传统和陋习却可能更加困难。

在克里米亚，只有一个人可以，并且已经改变着英军的医疗环境。她就是这支新护理队的队长——弗罗伦斯·南丁格尔女士。

同卡迪根和卢肯将军一样，南丁格尔女士也来自上流社会家庭。她本应该像奥斯汀小说中的贵族小姐那样，参加舞会、喝下午茶、弹琴、念诗，可是她却热衷于为穷人提供护理服务。不久前，伦敦贫民区爆发霍乱，她不顾个人安危，亲自参加救护工作，感动了全英伦。

当我知道南丁格尔女士不顾个人安危，甚至不顾淑女教条来到克里米亚——这个连男人都害怕的地方后，就决心一定要采访一下这位杰出的女性。

野战医院分配给护理队的宿舍一共 6 个房间，包括一间厨房和一间仅 10 英尺见方（约 9.3 平方米）的小屋。护理队的全部 40 名女护士就住在这些拥挤、简陋的房间里。而在医院的另一头，同样大小的房间里只住着少校院长一人。军队对她们的态度是既不屑，又不解，更不信任。作为独立记者，我对她们的境遇深有体会。

当我走进宿舍时，只有厨娘一人在准备晚餐。军队甚至连伙食都不给护理队提供，还需要她们自给。

"请问南丁格尔女士在吗？"

"她在医院厕所那边儿工作。"

我疑惑地来到臭气熏天的厕所前，只见一位三十多岁的女士正指挥一群士兵清理垃圾。

我拉住匆匆从身边走过的一名护士问：“这是在干什么？哦，我是《泰晤士报》的记者。”

她回答说：“疏通阴沟呢！”

“这不是你们护士的工作吧？”

“没人帮我们，南丁格尔女士只好自己动手了。”她耸耸肩道：“护理长统计出有些病床铺位的死亡率特别高。刚开始怎么也找不到原因，后来发现是厕所阴沟从这些铺位旁通过。她怀疑是阴沟堵塞了，决定把厕所打扫干净看有没有好转。”

“天啊，里面竟然还有一匹死马。”在众人的惊呼声中，成堆的垃圾被清理出来拖走。

看来南丁格尔女士正忙。我计划晚上再过来。

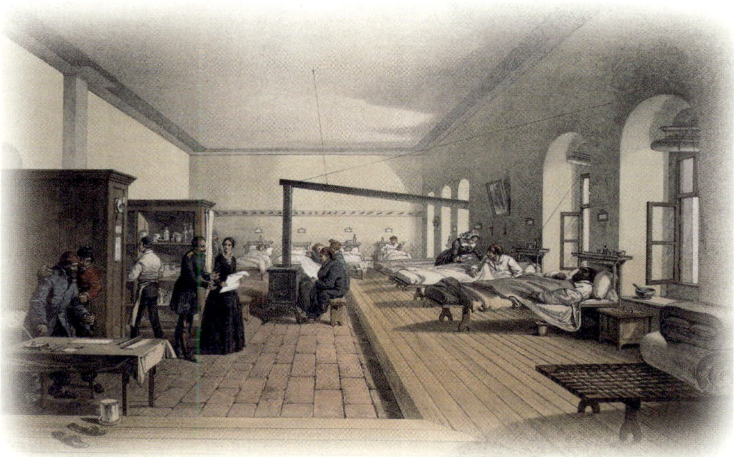

经过南丁格尔整改后的野战医院，看起来清爽明亮。

克里米亚虽然处于俄罗斯的南端，但9月的夜晚仍然十分寒冷。

我从暖和的军官俱乐部里出来，裹紧大衣，再次来到护理队宿舍。宿舍里却没有生起炉火，冻得像冰窖一样。

下午碰见过的那名护士看到我又来了，便说："队长巡查病房去了。"

"巡查病房？你们晚上也要工作吗？"

"是啊，队长建立了巡查制度。每天每个病床必须至少查看一遍。效果非常好。队长还创新发明了不少新的护理技术，我们都觉得很新奇。"

我佩服地点点头，问道："里面真冷，怎么不生火呢？"

"病房里的柴火用完了，队长决定把我们的配给分给伤员用。"

我生气地问："在这么寒冷的时候，军需官难道不能给伤员酌情增加燃料供应么？"

"哼，军需官也知道确实很冷。但是他说，如果改变分配计划，就要经过上边儿的批准，还说需要先开会才行。"

"怎么可以这样，把人命视同草芥！还这样官僚！"我捏紧了拳头。

护士说："刚开始，队长也很愤怒。甚至还直接给军务大臣写了信。但又有什么用呢？就连军务大臣也说，40 年没打大仗了，军队里的习俗和作风根植已久，一朝一夕也改变不了。后来队长干脆就拿出自己的钱，加上从国内募捐到的钱，购买了一些医疗器材和生活用品，没有通过军队的后勤系统，直接发放给大家。花了 3 万英镑呢！"

我吃惊地吐吐舌头。3 万镑，这对我而言不啻是天文数字。有些人为了公益，可以出力，比如我；有些人愿意出钱，比如伦敦的大慈善家们；可既出力又出钱，还在男人都无法忍受的环境下工作，这究竟是怎样一位奇女子啊！

我向那位护士姐妹告退，借了一盏风灯，摸索着走进病房。

医院的病房仍然十分拥挤。伤员和病号按照病情轻重分配在不同房间内。每间房间的病床密度依然很大，在床位之间行走都比较困难。但我以往在野战医院里闻到的那股恶臭味没有了，看来通风情况大有改善。这些伤员们都得到了及时处置，他们都用上了干净的床单和被褥。虽然总体条件与本土医院相比还是差一些，但比起原先的野战医院，还要好很多了。

我来到走廊口，恰见昏暗的油灯下，一个修长的身影映射在墙面上。一些伤员一直注视着那身影，直到身影消失，才满意地重新躺回枕头上。

我轻声问一位伤员："请问您见到南丁格尔女士了吗？"

"你是问我的'提灯女神'么？她刚刚到对面的病房去了。"伤员说出这个名字后，便露出一丝微笑。

这位给人带来希望的女士，被野战医院的伤员们尊称为"提灯女神"。

“她是位善良的女士。我们都十分感谢她的照料。每天只有她巡视到这儿后，我才能睡着。”

人往往在病痛时最需要得到关心和关注。在野战医院，这些普通伤员们曾被当作牲畜一样扔进来，任其自生自灭。弗洛伦斯·南丁格尔除了带来崭新的护理理念，更重要的是给予了伤员以人的尊严。尽管这所医院的物质条件依然匮乏，但我深切地感受到了寒夜里的温暖。

我进入到门口标注着“克里米亚热病”的病房，一位提灯的女子正在向病人嘱咐着什么。看到有陌生人进来，她略微转身，抬起风灯朝我看来。刹那间，耀眼的光芒充斥了我的眼睛。

我整理了一下外套，脱下帽子，向着这位发光的天使走去……

又一次出发，又一场战争

“拉塞尔先生，您的行李打理好了，这是您去纽约的船票。”

助手的声音将我从回忆中拉回现实。

“邮轮明天从南安普顿出发。您的火车票也已经准备好了。需要我代您给丁尼生先生回信么？”助手问道。

“不，我亲自回信，谢谢。”

我将信夹在笔记本中，对助手说：“请告诉主编，林肯总统已经安排在白宫接见我了。这场内战越打越大，大概我要在美国多待一段时间。”

“我们都期待您的精彩报道。”

我苦笑着：“我只希望这个世界平静如水，再也不要看到精彩的战争。”

（本篇完）

◉本篇背景介绍

克里米亚战争的结局可以一笔带过：沙皇尼古拉一世服毒自尽后，英法联军最终在1855年9月攻陷了塞瓦斯托波尔要塞，新沙皇亚历山大二世又挣扎了半年，于1856年3月30日签署了《巴黎协议》，承认战败。

中国读者一般不太热衷于研究这场战争，究其原因，第一，这是一场“帝国主义国家的争霸战争”，无所谓正义与否，不值得大肆宣扬；第二，克里米亚战争的影响对历史进程而言比较负面，欧洲各国的混乱关系不仅没有厘清，反而愈加复杂。巴尔干半岛成了欧洲的火药桶，为第一次世界大战埋下了祸根；第三，波澜壮阔的拿破仑战争后，欧洲几乎没有再出现优秀的军事家，各国的将军们在作战技巧和指挥艺术上，反而还不如拿破仑时代的同行前辈。大兵团机动的作战方式在新式武器面前再无用武之地。大家在步枪、大炮、铁丝网、战壕、碉堡、地雷的威胁下，只能打些无聊的阵地战和消耗战。所以比起前朝的滑铁卢、后来的两次世界大战，这场战争的传奇性和故事性确实要次一些。

然而克里米亚战争仍在历史上占有一席之地。因为这是第一场近现代战争，此后，战争正式进入了工业化时代。机械和火药的运用将封建社会尚存的骑士精神彻底扫入垃圾堆。

在这场战争中，人类第一次使用了高性能的线膛步枪、蒸汽动力舰船、爆破弹；第一次利用了电报、火车、摄影技术；第一次出现了战壕战；第一次正式发出了天气预报；为了协同作战，各部队开始第一次“对表”。当然还有第一位战地记者和第一座现代野战医院的出现。所以克里米亚战争更像一个技术创新和体制改革的大杂烩。这场战争也证明了技术领先的重要性。“细红线”的阻击和“轻骑兵的冲锋”都表明了不论对方如何英勇，武器占优的一方可以轻松赢得一场战斗，甚至战役。

轻骑兵旅的实际损失也就近200人，与克里米亚战争期间死亡的50多万人相比，实在不算什么。但这个事件的意义不在于伤亡的数字，而在于到底该怎样诠释高尚的忠诚和愚蠢的勇气。换言之，怎样既执行组织的命令又不丧失独立的思考呢？理想的英雄主义和现实的功利主义又该怎样协调呢？

◉本篇主要人物生平

威廉·霍华德·拉塞尔（William Howard Russell）

世界上第一位到前线去专门报道战斗情况的新闻工作者就是威廉·霍华德·拉塞尔。在克里米亚战争期间，他被《泰晤士报》编辑部派驻往军营。正是由于拉塞尔的报道，英国民众知晓了前线的真实情况。南丁格尔正是看到了拉塞尔的报道，才毅然赶赴克里米亚；同样由于拉塞尔对南丁格尔的热情宣扬，也使南丁格尔获得了巨大的赞誉。可以说这是公众舆论同公益事业良好互动的典范。1855 年 1 月，在民众的责难声中，阿伯丁勋爵的政府下台。新政府在巨大的舆论压力下，对前线部队的后勤、装备做出了相对改善。

拉塞尔后来相继报道了英军对印度士兵起义的镇压行动、法奥战争、南北战争、丹麦战争、普奥战争、普法战争和巴黎公社起义等，并赢得了极高的声誉。在接受“皇家维多利亚勋章”的仪式上，英王爱德华七世还对拉塞尔说：“别跪着，弯弯腰就行了。”拉塞尔在 1895 年被册封爵士，他也是第一个获此殊荣的记者。

拉塞尔于 1907 年去世，他被后人尊称为“第一位职业战地记者”。

弗洛伦斯·南丁格尔（Florence Nightingale）

出生于上流社会的她，按照现在的标准，算得上一个典型“白富美”。然而伟大的人物自有不同凡响之处。南丁格尔甘愿放弃优裕的生活，一心成为服务他人的护士。这在维多利亚时代是相当离经叛道的。南丁格尔的母亲十分反对她的选择，好在她有一个理解宽容的父亲，才得以实现夙愿。

南丁格尔为实现理想而终生未嫁，但她不乏众多“高富帅”的求婚者，其中包括有钱的慈善家、未来的国会议员和内阁部长。虽然这些求婚者都没能抱得美人归，但他们却成为南丁格尔的忠实拥趸，并为她的事业给予了巨大支持。南丁格尔伟大的人格力量由此可见一斑。

南丁格尔在 1910 年以 90 岁高龄去世。她一生获得的荣誉不胜枚举，但对她最大的肯定就是国际上将护理界的最高奖项命名为“南丁格尔奖”，她的生日 5 月 12 日也被定为“国际护士节”。

除了护理事业之外，南丁格尔对统计学也有特殊贡献，她还是英国皇家统计学会的第一个女性成员。

路易斯·诺兰（Louis Nolan）

诺兰早年在奥地利第 10 轻骑兵团中服役。1838 年诺兰回到英国，加入了英国骑兵部队。在印度驻防期间，诺兰成为骑术大师。在马德拉斯，他的主要工作是评估用骟马替代公马成为骑兵坐骑的效果。1850 年，他升任上尉。

1851 年，诺兰回到欧洲，在大陆游历期间，写了 2 本军事专著——《骑兵部队的新马训练》和《骑兵的历史和战术》，后者得到了广泛好评，诺兰因此成为公认的骑兵战术专家。

作为理论家，他颇有建树；然而他在真正的实战——在自杀性的“轻骑兵冲锋”中——其表现却饱受争议。他也不幸成为这场战斗中第一个殒命的人，年仅 36 岁。不能不说诺兰是一个悲剧人物。

拉格伦勋爵（Lord Raglan）

拉格伦勋爵原名安德鲁·莫顿，拥有纯粹的贵族血统，其父亲是贝德福德公爵，母亲是博斯科恩海军上将的女儿。拉格伦 16 岁从军，后来担任威灵顿公爵（即在滑铁卢战役中彻底击败战神拿破仑的英军统帅）的副官和助手，并娶了威灵顿公爵的侄女为妻。得益于贵族血统的身份和威灵顿声名的加持，拉格伦官运亨通，1838 年升任中将，1852 年封勋爵。

在克里米亚战争中，拉格伦的表现虽无大错，但也无甚亮点。即便如此，在 1855 年克里米亚战争尚未结束时，他还是被授予陆军元帅军衔。这时拉格伦的好运也到头了。由于拉塞尔的报道，英国国内逐渐对他不满，加之第二次围攻塞瓦斯托波尔要塞失败，让拉格伦心力交瘁。1855 年 6 月，拉格伦因痢疾病死战场。

卡迪根伯爵七世（7th Earl of Cardigan）

卡迪根伯爵七世本名詹姆斯·托马斯·布鲁德内尔，于 1837 年继承了其父亲的贵族头衔和丰厚的财产，是个典型的公子哥。

卡迪根作为轻骑兵的队长，既勇敢无畏，又刚愎暴躁；作为大英帝国鼎盛时期的贵族代表，骨子里保守、顽固、傲慢，但也不乏贵族的荣誉感和敬业精神。历史学家对其评价褒贬不一，公众对他的态度也是又爱又恨。

在巴拉克拉瓦战役之后，英国人将其看作战争英雄。但不久之后，有报道称他其实过分宣扬了自身的勇敢，他并未过多参与战斗；在轻骑兵战斗结束后，他扔下战士不闻不问，自己回去休息。但温斯顿·丘吉尔在其著作中写道："卡迪根伯爵镇静地回到他所住的快艇上，洗澡就餐，喝了一瓶香槟酒，然后便上床睡觉了。"丘吉尔称赞其镇静果敢，转而将错误行动的责任归咎于拉格伦。可见在不同的历史时期，人们对人对事都有不同的评价。

1860 年卡迪根升任中将；1868 年他在骑马时坠地，不治身亡。这位轻骑兵英雄最后死于马上，也算是死得其所吧。

卢肯伯爵三世（3rd Earl of Lucan）

本名乔治·宾汉。由于英国贵族男性有加入军队的传统，1816 年，年仅 16 岁的卢肯从威斯敏斯特公学退学加入英国陆军。

卢肯娶了卡迪根的妹妹为妻，但两人却是死对头。这也直接导致了“轻骑兵的冲锋”事件中，两人没有及时有效沟通，卡迪根甚至意气用事，导致悲剧发生。

卢肯于 1855 年被召回英国，后来他一直为自己那次冲锋行为辩护，强调事情都是拉格伦和诺兰的错。卢肯竟然也得到了原谅。1887 年，在去世的前一年，卢肯受封元帅军衔。

讽刺的是，在“轻骑兵的冲锋”事件中，负有直接责任的四人，除早早阵亡的诺兰外，其余三人均先后晋升，仕途丝毫不受影响。

科林·坎贝尔（Colin Campbell）

在巴拉克拉瓦战役中，唯一有上佳表现的就是这位坎贝尔少将了。坎贝尔家虽然是苏格兰的贵族，但到他这一代已经家道中落了，所以坎贝尔完全依靠自身努力才得以在帝国军队中占有一席之地。

坎贝尔作战时本着“安全第一”的原则，尽量减少自身伤亡。那些不喜欢这种风格的人给坎贝尔起了“慢骆驼”（Crawling Camel，与科林·坎贝尔的名字谐音）这个绰号。其实对于武器、战术都占优势的英国军队而言，实在没有必要在战斗中冒险，只要稳扎稳打、谨慎取胜就可以了。

身为维多利亚时代的军人，坎贝尔也是殖民主义的拥护者。1841 年他参加了第一次鸦片战争，在舟山一直驻守到 1846 年才离开中国。1857 年，坎贝尔作为总司令官，镇压了印度民族大起义，并杀害了詹西女王，到达了其个人军事生涯的最高峰。当然，其殖民者的立场我们不能苟同，但坎贝尔在军事、政治上的才干还是值得肯定的。维多利亚女王也没亏待坎贝尔：1858 年坎贝尔受封克莱德男爵，跻身贵族行列；1862 年获得元帅军衔。

坎贝尔于 1863 年去世。

罗杰·芬顿（Roger Fenton）

如果说拉塞尔是最早的战地记者，那么芬顿就是最早的战地摄影师。芬顿出生于资产阶级家庭，家境优裕，早年学习法律，后来想当画家，最后选择了摄影作为事业。那时候的摄影技术尚不发达，拍出一张相片犹如庞大的系统工程。芬顿为了能够完成摄影任务，往往必须赶着一辆大车。芬顿首先不是摄影师，而是化学家、物理学家、马车夫和搬运苦力。

虽然芬顿和拉塞尔同为记者，但他们服务的对象完全不同。相对于《泰晤士报》对克里米亚战争的负面新闻，芬顿受雇于英国政府和皇室，为战争提供正面报道，以抵消拉塞尔的影响。因此出于政治目的和当时摄影技术的限制，我们在芬顿的照片中看不到激战和残酷。人物都是摆拍，战场像风景画一般平静，甚至柔美。记者的出现虽然不能杜绝战争，但那些战争贩子们在记者的监督下不能再为所欲为，多少会收敛些。这大概就是战地记者最大的意义了吧。

芬顿在克里米亚共拍摄了350张大画幅底片。除了摔断了几根肋骨、得了一场霍乱外，芬顿算是完好无损地回到英国。芬顿后来还创立了一个摄影协会，即现代著名的皇家摄影协会的前身。

阿尔弗雷德 ·丁尼生（Lord Alfred Tennyson）

英国维多利亚时代最受欢迎的诗人，于1850年获得“桂冠诗人”这一称号。丁尼生的诗在英语体系中影响很大。其在英国诗歌史上的地位，几乎等同于李白在中国的地位。

《轻骑兵的冲锋》是丁尼生的代表作之一，可谓妇孺皆知，甚至还影响了90年后的一场大海战，差点就捅出大娄子。预知详情，请看本篇附文《一首诗引发的“未遂血案”》。

◉附：一首诗引发的“未遂血案”

一场愚蠢的冲锋激发了诗人的灵感，催生出了《轻骑兵的冲锋》这首名作。谁也不曾想到这首诗在 90 年后差点儿又引发一次更愚蠢的军事事件。这段历史公案太过戏剧性，不得不提。

1944 年 10 月 20 至 26 日，美日双方爆发了史上最大规模的海战——莱特湾海战。双方投入的战舰总吨位超过了 200 万吨，包括 21 艘航空母舰、21 艘战列舰、170 艘驱逐舰与近 2000 架战机参与了战斗。

该战役由美军发动，战役目的是占领菲律宾群岛，彻底孤立日本本土。日本人也知道这是最后的决战，所以也倾巢出动，并制定了弃卒保车的战术。

威廉·哈尔西海军上将是个绰号“公牛”的猛将，偏偏太平洋舰队总司令尼米兹分配给他的任务是“率第三舰队航空母舰特混舰队，掩护两栖作战并寻机歼灭日本舰队”——首要任务是“掩护”，其次才是“寻机歼灭”。但哈尔西求胜欲强烈，把后者当作了优先任务。因此当日军小泽治三郎的航母舰队出现在哈尔西面前时，哈尔西就像闻到了鱼腥味的猫，毫不犹豫地追击这个诱敌舰队，带走了本应该掩护登陆部队的全部航母，以及为守卫圣贝纳迪诺海峡而临时编成的第 34 特混舰队。日方对这个诱敌方案也是下了血本，居然将仅有的航空母舰编队当作诱敌舰队，这么大胆的方案，也无怪乎哈尔西上当了。

哈尔西前脚刚走，日本栗田健男中将带领的“中心舰队”就杀到了。这时在莱特湾战场的美军只有护航轻型航母和护卫舰，哪里是日军超级战列舰的对手，只好不断向哈尔西发报求援。事态如此紧急，美军甚至发出了一封明码电报：请求派快速战列舰和航空母舰大力支援。但哈尔西求胜心切，一门心思要干掉日本的航母编队，居然不予理睬，反而离莱特湾愈行愈远。

坐镇夏威夷的尼米兹一般是不具体干涉战场指挥的，但这个时候也坐不住了，在 10 月 25 日也给哈尔西发了一封简短的电报：“第 34 特混舰队在哪里？”

这其实是个反问句，微妙地提示哈尔西：第 34 特混舰队本来应该在何处？如果不在，是不是最好应尽快返回？这是长官质询下属，再普通不过的电报。尼米兹的措辞甚至还很婉转，给哈尔西留足了面子。

不过，根据保密流程，美军在正式电文的前后一般要加入一段无关的词组，这样可以增加电报的破译难度。当天值班的少尉大概是个文学爱好者，忽然记起当天正好是巴拉克拉瓦战役的纪念日，便联想到丁尼生的《轻骑兵的冲锋》，就选择了诗篇中“THE WORLD WONDERS”（全世界都在震惊）作为无关词组加入到电文后面，然后发给了哈尔西。

哈尔西曾对属下规定，若有重要急电，可不经转换成正式电文就直接呈给他看。译电员看到是太平洋舰队总司令的电报，哪敢怠慢，于是将电文的全文“WHERE IS TASK FORCE THIRTY FOUR？ RR THE WORLD WONDERS.”呈送给哈尔西。这里“RR”是没有意义的两个字母，用于分隔电报正文和后面无关的句子。

哈尔西一看电报——“第 34 特混舰队在哪里？全世界都想知道。”（英语“Wonder”既有“震惊”的意思，也有“想知道”的含义。）——顿时气血上涌，头都要气炸了。就算尼米兹是大老板，也不能这么讥讽核心员工吧。他甚至还把这封羞辱人格的电报转给金恩将军和金凯德将军看，以求评理。不知道这几名高级军官是不知道“RR”的奥妙呢，还是事态紧急，没有注意到。

哈尔西后来回忆说：“我好像重重地挨了一记耳光，被打得昏头转向。我抓下帽子，摔到甲板上。真不敢相信切斯特·尼米兹竟然会发来这样的电报侮辱我。”

就在哈尔西哭哭啼啼大骂尼米兹的时候，日军的大炮已经随时可以全歼美军登陆部队了。想想这是一幅多么可笑的光景：1944 年，在战列舰面对航母只能抱头挨打、毫无还手之力的年代，日军战列舰居然能有这样的大好机会，把拥有航母的美国海军陆战队轰上天。这大概是比轻骑兵的冲锋还要愚蠢 10 倍的错误吧。

不过，悲剧最终没有发生。哈尔西发泄完情绪后，也“屈从了压力”，回到莱特湾救援。日军方面，栗田健男一开始并不知道第 34 特混舰队已经离开；后来误判哈尔西已经提前回援，也不敢恋战，占了点小便宜后就撤退了。哈尔西事后想必十分后怕，如果真让栗田得手，别说后来升任五星上将了，他很可能当即就被勒令退出军籍。

其实遭后人所非议的战争中的“愚蠢”行为，很大一部分都来自于“误解”。哈尔西误解了尼米兹的电文，产生了情绪波动；本篇正文中的卢肯和卡迪根两位骑兵指挥官误解了拉格伦的指令，直接导致轻骑兵的自杀式冲锋。误解的根源在于双方信息不对称。拉格伦所在地视野良好，想当然地认为骑兵指挥官也了解战场动态，因此在手令中没有指明具体进攻方向。不幸的是卢肯和卡迪根并没有看到总司令原本意图攻击的俄国炮兵，只好朝着眼前的另外一个俄国炮兵阵地死冲，酿成悲剧。

◉ 本篇参考资料

【1】温斯顿·丘吉尔. 英语国家史略 [M]. 薛力敏，林林，译. 新华出版社，1985

【2】Principes. 巴拉克拉瓦——骑兵向枪炮的挑战 [DB/OL]. http://www.clanlong.com/space-uid-6289.html

【3】张涛. 群狼共舞——克里米亚战争史 [M]. 明基文化，欧阳锴，主编. 战争纵横系列丛书（卷二）战争. 吉林科学技术出版社，2004

【4】许渊明. 南丁格尔传 [M]. 辽海出版社，1998

【5】李天道. 世界著名战地记者经典报道 [M]. 四川文艺出版社，2009

【6】Barthorpm,M. British Army on Campaign 1816-1902: 1854-56-Crimea [M]. Osprey Publishing, 1987

【7】乔西夫·米兹. 尼米兹 [M]. 高润浩，编译. 京华出版社，2004

欧美风靡40年的“民间兵棋推演”

当一名战士第一次尝试拾起木棍当剑，战争与娱乐的界限便从此模糊。古希腊和欧洲骑士的军事训练催化了奥林匹克运动和中世纪长枪比武的诞生，彩弹枪和电脑游戏逐渐成为今日士兵磨练战术技能的工具。正如一位美国陆军将军的名言：“它作为一种工具，正在提前书写历史。”

“Wargame”在中国也称“战棋”或“兵棋”，泛指模拟军事行动的游戏系统。现代战棋起源于18世纪普鲁士军事顾问冯·莱兹维茨的“Kriegsspiel”，也就是德语的“战争游戏”。此后战棋逐渐用于宫廷和上流社会的战争娱乐和教育工具。从偷袭珍珠港到海湾战争，战棋推演始终活跃在军事实战的最前沿。

提到战棋，读者往往会首先想到那些经典的策略游戏，如“火焰纹章”“机器人大战”。事实上真正的战棋与多数玩家认知的日式SLG游戏并不相同。SLG棋盘回合制游戏是电子游戏受硬件技术限制而出现的过渡产物，当三维即时战略游戏的出现，尤其次世代战略游戏“全面战争”系列不断升级即时演算技术，SLG戏便逐渐退出历史舞台，成为怀旧玩家的记忆。但是战棋游戏从未脱离最经典复古的元素——纸质棋子、地图、骰子，即桌面战棋的三大要素。

除在全球各国军队体系中得到大规模运用之外，20世纪70年代开始，战棋也逐渐成为欧美年轻人的娱乐化产物，发展至今已经先后有一万多种桌面战棋面世。精美的实物配件除了具备收藏价值，更因可以拿在手上与朋友面对面地进行谋略的对弈，桌面战棋相比电子战棋更受到玩家青睐，无论是在数量上还是质量上皆为战棋市场的主流。

纸上谈兵-战棋教室
最終清算
Battle for Reichstag 1945

最終清算
Battle for Reichstag 1945
7
3
4
2
9
5
12
6
8
10
11
CopyRight WarDrumGames 2016

请剪下此页

制作准备

一、请用裁纸刀和直尺小心地将前一页的地图切割下来。地图将在接下来的游戏环节中起到重要的作用。

二、请用裁纸刀和直尺小心地将本页上方的棋子切割下来，先沿着黑线切下每个棋子，然后沿着白色虚线小心地对折。(注意：请尽量切割整齐，让每个棋子的大小看起来差不多。)

三、将胶水涂抹在每个切割并折叠好的棋子背面，然后对折粘合，双面棋子便制作好了！

四、请自行准备 3 枚六面骰子，这在文具店、玩具店或网络商店都可以买到。

五、您也可以加入 QQ 群“中国桌面兵棋战棋总群”：261596048，在群文件中下载本游戏的 PC 端电子联机版，省去准备骰子和制作步骤。

背景简介

1945 年 4 月 30 日，希特勒在地下室自杀。就在他享用最后一顿午餐的时候，苏军 79 军所属步兵第 150、171 师开始了夺取国会大厦的战斗。国会大厦是靠近勃兰登堡门的一座有着圆形拱顶的大楼，由于受到了多次轰炸，已变成了空荡荡的庞然大物。大厦内有大约 1800 名德军残部做着最后的困兽之斗，主要是党卫军“诺德兰”师和第 18 坦克步兵师的残部和一些忠于纳粹的人民冲锋队士兵。中午 11 点，苏军开始了进攻前的火力准备。炮火急袭后，第 150 师和第 171 师的突击队发起了冲击，企图从三个方向冲进国会大厦。但是潜伏的德军火力点立刻喷射出猛烈的火力，即便付出巨大的伤亡，据守国会大厦的德军拒不投降，要与苏军死战到底。

《最终清算》的设计灵感源于 2010 年由 Steven Cunliffe 设计的迷你战棋“斯大林格勒”。此战棋使用一个特殊的单人推演规则，玩家将扮演苏联红军指挥官，参加柏林战役最后在国会大厦的战斗。

背景简介

地图

地图展示了柏林市中心的地理情况，用来模拟国会大厦战斗的过程。地图被白线分割成为若干区域，标有红色箭头的区域是玩家（苏军）起始设置的区域，游戏开始前，玩家把苏军的部队棋子自由放置在这几个起始区域。标有盾牌符号的区域是战斗区域，其中可能隐藏着拒绝投降的德国军人。每个盾牌符号都标有 1 个数字和 1 ～ 3 个十字符号，数字是这个区域的独有编号，十字符号的数量代表这个区域的德军防御工事水平，十字符号越多，则德军棋子在这个区域的战斗加成就越多。

德军棋子

德军棋子一开始都是从十字符号面（背面）朝上暗放。游戏中只有玩家控制的苏军棋子可以移动，德军棋子一旦放置在地图上，便永远不会再移动。无论任何时候，1 个区域上只能有 1 枚德军棋子。

德军棋子左上角的十字符号的数量代表这支部队的战斗力。右上角的“伏”字样，代表这支部队会使用伏击战术，是经验丰富的正规军。棋子“‘铁拳’伏击”是特殊的一次性棋子，代表使用“铁拳”反坦克发射器的勇敢士兵，它没有战斗力，却可以专门狙杀苏军的坦克指挥官。

苏军棋子

苏军棋子左上角的星星符号的数量代表这个部队的战斗力。右上角的阿拉伯数字代表这枚棋子的移动力。苏军的步兵和坦克棋子，都是从完整战力开始（红色面朝上），被击中后翻面（橙色面朝上）表示耗损战力。

苏军的坦克指挥官棋子则是从“无巷战经验”状态开始（黄底红字朝上），游戏中可能会晋升到“经验丰富的”状态（黄底橙字面朝上）。游戏设置时以及回合结束时，1个区域中最多只可以存在2枚苏军步兵/坦克棋子，并且额外可以加上最多1枚坦克指挥官棋子。坦克指挥官棋子无法单独存在于某个区域中，至少要跟1枚步兵或者坦克棋子一起放置在相同区域。

举例：

A. 步兵团+T 34坦克+坦克指挥官（允许）

B. 步兵团+步兵团+T 34坦克（超过限制）

C. 坦克指挥官（不允许）

D. 步兵团+步兵团+坦克指挥官（允许）

游戏中有一枚特殊的“空中打击”棋子，它的正面分为3、2、1、0四个旋转角度，分别用来记录苏军3次限量的空中打击的可用数量。

游戏初始设置

根据制作说明，将总共20枚棋子小心地剪下并对折粘好，剪下地图放置在桌面上，最后准备3枚六面骰子。

将德军棋子背面（十字符号面）朝上洗乱，放在地图外待用。抽取5枚德军棋子，保持背面朝上，暗放在每个德军初始区域（灰色盾牌），每个区域各1枚。

将10枚苏军棋子正面（完整战力）朝上，按照玩家自己的战术，自由部署到标有红色箭头的4个区域中。注意每个区域不要超过数量限制！

将“空中打击”棋子旋转到数字3，面朝上方（北）放置在场外，标示玩家拥有3次苏联空军支援的机会。

胜利目标

作为本次战斗的苏军指挥官，玩家的作战目标是尽快将地图上的全部德军残余部队消灭干净！请在游戏中用纸笔记录总共耗时几个回合才将地图上的德军部队全部消灭。

耗时3回合或更少：

恭喜您获得卫国战争的伟大胜利！

耗时4回合：

恭喜您按时完成了本次战斗任务！

耗时5回合：

您勉强完成了本次战斗任务，但可惜的是，有残余敌军借助坦克侥幸突围了。

耗时6回合或更多：

达瓦里希，慈父邀请您去西伯利亚参加劳动。

进阶目标：如果您在本次战斗中被移除了累计2枚坦克指挥官，或被消灭了1支步兵/坦克棋子，分别视为多耗时1回合。

游戏流程

游戏中每回合共分为如下战略阶段和战术阶段，玩家依次进行所有阶段后，根据完成胜利的进展情况再进行下一回合：

战略阶段（步骤 1–3）

1 德军渗透步骤

玩家掷 2 颗骰子，并将点数总和相加。从地图外待用的德军棋子堆中随机抽 1 枚棋子，保持背面朝上，暗放到地图上盾牌数字与骰子点数总和相同的区域上。

若德军地图外已经没有剩下的棋子，则直接跳过这个阶段。

若此区域上已经有任意方的部队棋子（无论正面或背面），也请直接跳过这个阶段。

2 玩家移动步骤

根据棋子上标示的移动力，玩家可以移动每个棋子到 1 ~ 2 格相邻的区域（对角区域视为移动 2 格）。苏军棋子在进入到存在德军棋子的区域时，必须立即停止不能再移动。此阶段结束后，同时存在德军和苏军棋子的区域，称为“交战区”。移动步骤前已经处于交战区的苏军棋子可以通过移动步骤主动离开这个区域。

若交战区上苏军只剩下坦克指挥官棋子，那此时棋子被迫一定要离开这个被德军占据的区域。

3 德军伏击步骤

所有苏军棋子移动完毕后，将交战区上的德军棋子都翻到正面朝上状态。

如果出现“‘铁拳’伏击”或者是“伏”字样，请立即按照以下规则执行。

“铁拳”伏击：几名不要命的德军士兵伺机用“铁拳”近距离偷袭苏军的指挥坦克！移除这个区域上所有的坦克指挥官棋子，假若没有坦克指挥官则无事发生。只有“铁拳”伏击棋子可以移除坦克指挥官棋子。无论“铁拳”伏击棋子有没有发挥作用，都要移除它。

伏：我军被敌人伏击！这个被伏击的区域中，玩家自己选择 1 枚苏军坦克或步兵棋子（不能选坦克指挥官）翻面，或是选择 1 枚已翻到背面的苏军坦克或步兵棋子移除。德军棋子上的“伏”记号只有在刚翻面的一瞬间触发一次，已经翻开触发过的棋子不会再次触发伏击，伏击效果执行后，棋子还是保持留在区域上，不需要移除。

战斗阶段（步骤 4–7）

为每个交战区结算下列步骤：

4 火力优势步骤

计算这个交战区域苏军棋子的星星符号数量总和，接着计算德军棋子上的铁十字符号和这个区域盾牌上的铁十字符号数量总和，并比较星星与十字的数量：

若十字较多，德军掷 2 颗骰子，苏军掷 1 颗骰子；若星星比较多，德军掷 1 颗骰子，苏军掷 2 颗骰子；若一样多，双方各掷 2 颗骰子以进行战斗。

5 空中打击步骤

掷骰前，玩家可以选择在此交战区使用“空中打击”来让苏军多增加 1 颗骰子。每次战斗判定最多只能使用1点，此时将空中打击标记顺时针转动90°，游戏中总共只有3次获得空军支援的机会，空中打击标记若已经转动到了0的位置，则本次游戏中无法再次使用空中打击了。

6 双方战斗步骤

苏德双方分别掷骰，掷骰获胜的判定标准是：单颗骰子点数最大的一方获胜。如果平局，则最高点数的骰子数量最多的一方获胜。若仍然平手，除非有坦克指挥官在这个区域上，否则均判德军胜利。

举例：

A. 苏军骰出4，德军骰出2、3（苏军获胜）

B. 苏军骰出4、5，德军骰出5、5（德军获胜）

C. 苏军骰出6、5、4，德军骰出6（平手，如果区域上没有苏军的坦克指挥官，则德军获胜）

7 战斗结算步骤

若苏军获胜，将德军棋子移出游戏；若德军获胜，则无事发生，德军棋子会继续正面朝上留在这个区域上不动。

不管哪一方获胜，都须将苏军的坦克指挥官棋子翻面变成“经验丰富的”状态，同时玩家可以自行选择将1枚参战的苏军步兵或坦克棋子翻面（战力耗损状态），如无可翻面的棋子则不必翻面。

所有的交战区都执行完战斗阶段后，开始下一回合。

双人变体游戏规则

检查胜利阶段

当地图上德军棋子被全部消灭时，玩家立即获胜；当地图上的德军棋子数量多于苏军棋子时，玩家立即失败；如果以上两个条件都不符合，则请继续开始新的回合！

游戏中的双人变体规则可以让另一位玩家扮演德军。与单人游戏不同的是：

游戏初始设置时，由德军玩家暗抽5枚德军棋子，可在偷看正面信息后，再自由选择暗放在灰色盾牌区域，每个区域仅限1枚德军棋子。

德军渗透步骤中，苏军玩家掷1枚骰子，德军玩家任意选择1～6中的任意一个数字，与苏军玩家掷出的数字相加，就是本回合的德军渗透点数。如果出现新的德军棋子，则由德军玩家自由暗选1枚地图外的德军棋子，背面朝上放置在指定区域。德军玩家也可以中途主动放弃渗透，直接跳过该步骤。

如果出现伏击，则由德军玩家选择苏军的损失单位，但是必须优先选择棋子翻面，如果没有可以翻面的棋子，才能移除苏军棋子。

由德军玩家为德军战斗结算步骤掷骰。

如果您对游戏规则有任何疑问，欢迎加入“中国桌面兵棋战棋总群”（QQ 261596048）参与讨论。您还可以在群文件中下载到《最终清算》的PC版。

◀ 第3辑即将上市 ▶

预告

NEXT VOLUME

▶ 七·七事变@石原莞尔

这一次皇军为什么不能如法炮制，占领华北呢？当然不能，满洲事变是我的杰作，是精心计划的产物，也是我成功的起点。军事和政治的双重冒险使大日本帝国得以完全控制满洲，实现了我的战略构想的第一步。

▶ 德意志统一战争@奥托·冯·俾斯麦

我对自由和专制、民主和王权、议会和王室的斗争压根就不在乎。谁有利于德意志的统一大业，我就支持谁。如今重生的德意志帝国将是货真价实的统一国家。而这一切，尽管我努力表现出谦虚，还是不得不说都是拜我俾斯麦所赐。

▶ 第一次世界大战@保罗·冯·兴登堡

我——兴登堡元帅，德军的总参谋长，已经间接杀害了一千万名双方士兵和更多的平民百姓，再多加几个叛乱分子的尸体，我的眼睛眨也不会眨一下。